ŒUVRES COMPLÈTES DE MICHELET

HISTOIRE

—

PRÉCIS

DE

L'HISTOIRE DE FRANCE

AU MOYEN AGE

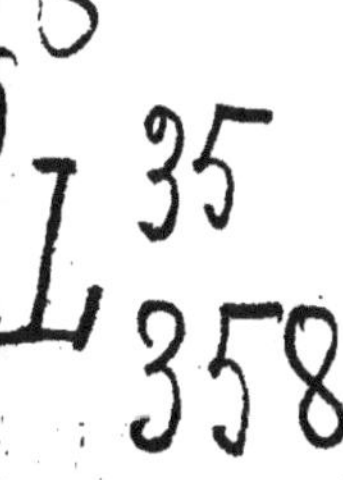

Coulommiers. — Imp. Paul BRODARD.

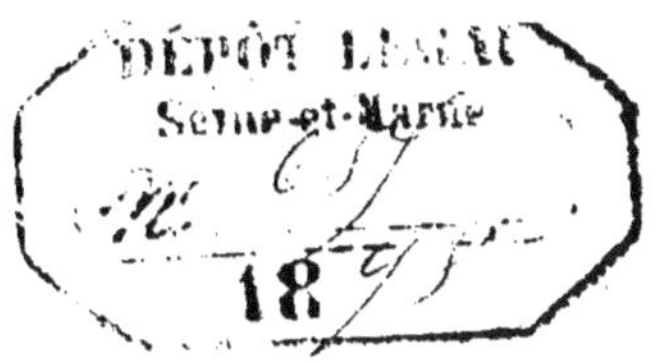

J. MICHELET

—

PRÉCIS

DE

L'HISTOIRE DE FRANCE

AU MOYEN AGE

—

ÉTUDE

PAR

ÉMILE GEBHART

DE L'INSTITUT

PARIS

CALMANN LÉVY, ÉDITEUR

3, RUE AUBER, 3

—

1898

1

Michelet aima singulièrement le Moyen âge. Il l'aima pour ses souffrances et ses rêves, pour sa résignation et ses révoltes, pour l'effort que la vieille France essaya afin de rendre au monde les libertés dont l'humanité ne peut se passer sans mourir moralement. Il l'étudia non point seulement, comme Fustel de Coulanges, dans les origines et le développement de ses institutions féodales, ou, comme Augustin Thierry, dans la formation et la croissance du tiers état, ou, comme Guizot, dans l'organisme abstrait de la civilisation ; mais il le raconta dans la réalité pathétique de ses misères, de ses passions, de ses illusions, de ses grandes entreprises chevaleresques ou populaires. C'est la vie même de la chrétienté, de la fin des invasions barbares à la renaissance et à la réforme qu'il réveille et

a

ranime avec une incomparable puissance de divination, négligeant le monotone détail des successions dynastiques, le synchronisme régulier des événements, les vagues souvenirs des personnages princiers qui fixèrent l'attention des vieux chroniqueurs, mais replaçant en pleine lumière les séries de faits, d'ordre profondément historique, qui furent l'œuvre originale du Moyen âge, les sentiments d'enthousiasme, les longues colères, les généreuses espérances qui préparèrent les grandes crises, interrogeant le cœur des foules, décrivant leurs deuils, leurs sacrifices, leur héroïsme obscur, évoquant enfin, à chaque siècle, à chaque secousse nouvelle de l'Europe, les hautes et tragiques figures dont le génie, tantôt bienfaisant, tantôt implacable, consola ou tourmenta les nations, papes, empereurs et rois, docteurs, moines, hérésiarques, les tribuns, les mystiques, les brigands féodaux, les poètes, les démagogues et les saints. Vision auguste et commémoration des âmes qui furent, en ces âges lointains, la force morale ou la joie, la terreur ou l'amour des hommes. Michelet glorifie les meilleurs et les plus purs de ces morts, ceux qui aimèrent la justice et se montrèrent doux à l'égard des humbles, comme saint Louis et saint François d'Assise, ceux qui tombèrent victimes de la malice de leur siècle, comme Grégoire VII, les martyrs de la liberté communale, comme Arnauld de Brescia, les martyrs des libertés religieuses, comme Thomas Becket et Savonarole et la grande martyre pour la patrie, Jeanne d'Arc. Et même, à l'égard de ceux qui, par la tyrannie, ont tenté de grandes choses, afin de renouveler la face de la terre ou de fortifier l'indépendance de leur peuple, il trouve encore des paroles de respect ou de miséricorde. Il eut pitié de Boniface VIII outragé en sa maison d'Anagni et recueillit dans Villani les traits qui, ce jour-là, ennoblirent la dégradation du pontife :

« Cet homme de quatre-vingt-six ans se mit à pleurer... On le somme d'abdiquer. « Voilà » mon cou, voilà ma tête », dit-il. Selon Villani, il aurait dit à l'approche de ses ennemis : « Trahi comme Jésus, je mourrai, mais je » mourrai pape. Et il aurait pris le manteau de saint Pierre, mis la couronne de Constantin sur sa tête, et pris dans sa main les clefs et la crosse. »

Michelet porte en lui l'indulgence des cons-

ciences supérieures qui recherchent, au fond
des âmes les plus violentes, le repentir ou la
tristesse pour l'œuvre sanglante qu'elles ont
accomplie. Il avait admiré un instant le « grand
légiste » Innocent III. Ce pape, aux derniers
jours du XIIe siècle, quand, sur la chrétienté
entière, l'hérésie, la négation savante, l'incré-
dulité ironique submergeaient la foi traditionnelle, « s'examina lui-même et crut à son
droit », et, ramassant toutes les forces vives
de l'Église chancelante, résolut de résister à
l'assaut de l'esprit humain. C'était un combat
plus difficile qu'au temps de Grégoire VII, et il
était beau de l'affronter. Mais la croisade albi-
geoise, le Languedoc brûlé, massacré, dépeuplé,
quel démenti donné à l'Evang.!e! Même alors,
et malgré les lettres de la chancellerie apostolique, l'historien voudrait croire, sur le témoi-
gnage d'un chroniqueur, que le pape s'émut,
douta de son droit et songeait à réparer le mal
qu'il avait permis. « Que lui manquait-il? Rien
qu'une chose, la chose immense, infinie, à quoi
rien ne supplée : son approbation, la foi en soi.
Sa confiance au principe de la persécution ne
s'était peut-être pas ébranlée; mais il lui arri-
vait par dessus sa victoire un cri confus de sang

versé, une plainte à voix basse, douce, modeste et d'autant plus terrible. »

A Frédéric II, l'empereur étrange, grec, italien, asiatique et musulman plus que chrétien, qui bouleversa l'Italie, tout en créant une civilisation que le xiiiᵉ siècle ne pouvait comprendre; à son bâtard Manfred excommunié et vaincu, à qui les chevaliers de Charles d'Anjou voulurent dresser un tombeau sur le champ de bataille de Bénévent; à son petit-fils Conradin, douloureuse victime en qui s'éteignit la race impériale de Souabe; à cette famille extraordinaire Michelet rattache un caractère « qui ne permet pas de rester indifférent à son sort : ce caractère est l'héroïsme des affections privées. C'était le trait commun de tout le parti gibelin : le dévouement de l'homme à l'homme. Jamais, dans leurs plus grands malheurs, ils ne manquèrent d'amis prêts à combattre et à mourir volontiers pour eux. Et ils le méritaient par leur magnanimité. »

Et toujours l'écrivain, aux temps les plus sombres, recherche avec une sorte d'angoisse quelqu'une de ces âmes magnanimes, comme pour reposer son cœur des tristesses de l'histoire. Dans l'aridité du xivᵉ siècle, au lendemain de Crécy, il s'arrête tout à coup et, sautant par-dessus vingt années, loin de la France ravagée par l'Anglais, la peste et la famine, il aperçoit Pétrarque dont tous les rêves sont morts, assis sur les ruines de l'Italie : « Il erra ainsi dans ses dernières années, survivant, comme Dante, à tout ce qu'il aimait. Vers la fin, inquiet pour les précieux manuscrits qu'il traînait partout avec lui, il les légua à la République de Venise et déposa son Homère et son Virgile dans la bibliothèque même de Saint-Marc, où on les a retrouvés, trois cents ans après, à moitié perdus de poussière. Venise, cet inviolable asile au milieu des mers, était le seul lieu sûr auquel la main pieuse du poète pût confier en mourant les dieux errants de l'antiquité.

« Pour lui, ce devoir accompli, il alla quelque temps réchauffer sa vieillesse au soleil d'Arqua. Il y mourut dans sa bibliothèque et la tête sur un livre. »

II

C'est dans l'histoire même de la France que Michelet encadra le Moyen âge tout entier. La

France lui parut alors le centre et comme le point vital du monde. Et c'est à partir des premiers Capétiens, au moment même où notre histoire, vaguement nationale déjà, semble se rétrécir et perdre l'importance européenne que lui avait donnée Charlemagne, qu'il en fait le lieu d'observation du haut duquel il contemplera et jugera toute l'humamité, l'Angleterre de la Grande Charte comme l'Espagne à demi arabe de Pierre le Cruel, l'empire d'Othon le Grand, l'empire d'Alexis Comnène comme la Rome de Sylvestre II et d'Innocent III, les communes laborieuses des Flandres et les cités libres de l'Italie, Bruges et Venise, l'Orient comme l'Occident, l'islamisme comme le christianisme. Dante, qui n'aimait pas la France, avait eu le pressentiment de cette vue philosophique de l'histoire quand il dénonça la race d'Hugues Capet comme la plante maudite, l'arbre immense « qui couvre de son ombre toute la terre chrétienne ». Mais le Moyen âge lui-même était plus équitable que Dante lorsqu'il croyait reconnaître la main de Dieu dans les œuvres de la France, fille aînée, bien indocile parfois, de l'Église. En son livre sur la *Renaissance*, Michelet montrera le rôle prépondérant de l'Italie, et dans sa *Réforme* celui de l'Allemagne. Mais pendant près de cinq cents années, c'est à la France qu'avait appartenu la maîtrise politique et morale de la famille européenne, le gouvernement universel de la civilisation.

Or, cette grande mission, la France l'accomplit à travers des calamités sans nombre. A la veille des épouvantes de l'an 1000, Michelet s'écriait :

« Il faut que l'humanité souffre et patiente. Hélas! à quelle longue et pénible initiation elle doit se soumettre encore! Quelles rudes épreuves elle doit subir! Dans quelles douleurs elle va s'enfanter elle-même! Il faut qu'elle sue la sueur et le sang pour amener au monde le Moyen âge et qu'elle le voie mourir, quand elle l'a si longtemps élevé, nourri, caressé. Triste enfant, arraché des entrailles mêmes du christianisme, qui naquit dans les larmes, qui grandit dans la prière et la rêverie, dans les angoisses du cœur, qui mourut sans achever rien; mais il nous a laissé de lui un si poignant souvenir, que toutes les joies, toutes les grandeurs des âges modernes ne suffiront pas à nous consoler. »

Alors, dès le crépuscule du xe siècle, le drame commence. En soixante-treize ans, quarante-huit de famine, de peste, de mal *des ardents*, trois années de pluies continues, les champs inondés, tous les fruits de la terre perdus. « Le muid de blé, dit Raoul Glaber, s'éleva à soixante sols d'or. Les riches maigrirent et pâlirent; les pauvres rongèrent les racines des forêts; plusieurs se laissèrent aller à dévorer des chairs humaines. » Les loups, attirés par les cadavres sans sépulture, envahissaient les villes et s'attaquaient aux hommes. On vit le soleil en défaillance dans le ciel et jaune comme du safran. L'Église séculière, occupée par des papes effroyables, ne donnait plus d'espérance. On savait que le démon s'était présenté à Rome devant un pape magicien. Les seigneurs, les princes fuyaient au fond des cloîtres. Les multitudes affamées se pressaient et s'étouffaient sur les reliques des saints. La religion de Satan, cette croyance obscure que Dieu est mis en échec par le Diable, se glissait au cœur des désespérés. Dès lors le manichéisme se propage sourdement en France et jusqu'en Italie. Et ceux qui n'osaient point aller jusqu'à douter de Dieu, désireux de mourir,

attendaient anxieusement les premiers éclats de
la trompette de l'Archange. *Dies iræ, dies illa.*

Il durera jusqu'à la fin du Moyen âge, ce
jour funèbre. Aux fléaux sans cesse renouvelés
de la nature s'ajoutent les maux produits par la
malice des hommes, la guerre perpétuelle, le
brigandage sans trêve, les soldats errants, les
routiers qui vers l'an 1200 ravagent le midi,
pillent les monastères, brisent les crucifix, pro-
mènent ironiquement dans les cathédrales leurs
faux évêques et leurs ribaudes. Ils surgiront
sans cesse de plus en plus féroces et avares,
parmi les horreurs de la guerre de Cent Ans.
Sous saint Louis apparaissent les premiers
Pastoureaux, bergers, paysans, jeunes garçons
qui vont en longues bandes, au hasard, croyant
aller vers Jérusalem ; sous Philippe le Long,
c'est une armée qui roule du nord au midi,
dans un flamboiement d'incendies. Ils envahissent Paris, livrent bataille au roi sur le Pré
aux Clercs, marchent vers le Languedoc, jusqu'à Toulouse, égorgeant les Juifs. On traverse
alors un temps de terreur, d'atroce supersti-
tion : juifs, lépreux, sorcières sont brûlés en
masse du haut en bas du royaume. Puis, c'est
la Peste noire, la peste du Décaméron, qui

enlève un tiers de la chrétienté, provoque la folie des flagellants, fait partout rallumer les bûchers. Puis, la Jacquerie. Le rustre las de souffrir, de mourir de faim sur son sillon, se lève, prend sa fourche, sa faux et sa torche, et Jacques Bonhomme brûle et massacre tout, tandis que la guerre civile est dans Paris, Charles le Mauvais sous Paris et que l'Anglais torture la France. Le xve siècle commence et se prolonge en de grandes tueries : bouchers, écorcheurs, Cabochiens, Bourguignons, Armagnacs, précipitent l'œuvre mortuaire de la famine, de la peste et de la guerre. En 1419, les enfants, filles et garçons, meurent par tas de vingt, de trente, dans les rues; en 1421, « le tueur de chiens était suivi des pauvres qui, à mesure qu'il tuait, dévoraient tout, « chair et trippes ». Les loups vaguent, la nuit, dans Paris désert. Les esprits se troublent, une gaieté frénétique éclate tout à coup; le premier dauphin de Charles VI, le roi fou, se tue à force de chanter et de « baller » avec les enfants de chœur de Notre-Dame. Sur le cimetière des Innocents tourbillonne pendant des mois la danse macabre, la danse des morts. Un instant la dynastie capétienne elle-même semble

morte. Le cardinal Winchester amène à Paris
le jeune roi anglais Henri VI de Lancastre.
« Le cortège passa devant l'hôtel Saint-Paul
où la reine Isabeau, veuve de Charles VI, était
aux fenêtres. On dit à l'enfant royal que c'était
sa grand'mère ; les deux ombres se regardèrent ;
la pâle jeune figure ôta son chaperon et salua ;
la vieille reine, de son côté, fit une humble ré-
vérence, mais, se détournant, elle se mit à
pleurer. »

Vers le milieu du xve siècle, les ronces
couvrent une moitié du royaume ; la Flandre, la
Beauce semblent un vaste champ des morts.
Mais la France avait vu en Jeanne d'Arc le
symbole de sa résurrection prochaine et bientôt
la rude main de Louis XI relèvera les ruines de
l'unité nationale.

III

Le Moyen âge français avait traversé, jusqu'alors, deux périodes de civilisation très dis-
tinctes : la première, véritablement idéaliste,
qui finit avec le xiiie siècle, la seconde, toute
réaliste, qui va jusqu'à la Renaissance. Le
même phénomène historique apparaît à peu

près dans le même temps en Italie : à l'Italie idéalement inféodée à l'Empire, lequel se croit toujours l'Empire romain, aux libres cités italiennes, à l'Église de l'*Apostole*, évêque de toutes les âmes, succède l'Italie des grands et des petits tyrans, l'Italie princière, et à la suite de l'exil en Avignon et du grand schisme, la royauté papale, monarchie de l'Italie centrale.

Or, du IXe au XIVe siècle, la France avait fait trois grandes choses, non pour elle seule, mais pour toute la chrétienté, qui vécut de sa pensée et de son exemple : elle avait retrouvé le raisonnement libre, inventé la liberté communale et provoqué la croisade.

Sa première œuvre fut l'école, l'école épiscopale, plus libérale que l'école monastique, et la plus grande de toutes, celle de Paris, qui devint l'Université de tout l'Occident. La chaîne des esprits philosophiques, souvent brisée, va de Jean Scot Érigène, qui écrivait près de Charles le Chauve, à saint Thomas d'Aquin, qui professait sous saint Louis. Notre pape Gerbert, Fulbert de Chartres, Bérenger de Tours, Guillaume de Champeaux, saint Anselme, Roscelin portent en diverses régions de la France et de l'Europe la curiosité et souvent l'audace de la méditation rationnelle. Ces fils de l'Église disputent sur les mystères du christianisme, sur les conceptions premières de l'intelligence, démontrent par syllogisme l'existence de Dieu. De quelques lignes de Porphyre échappées au naufrage de la sagesse antique sortent, avec le problème des universaux, trois ou quatre siècles de discussions et de doctrines, tous les songes métaphysiques du Moyen âge, l'immense labeur de la scolastique. Mais l'homme par qui Paris allait devenir, dit Michelet, « la capitale de la pensée humaine », fut un laïque, Pierre Abélard. Par sa définition des universaux, créations et formes de notre raison, il prépara la rénovation de la science et de la politique. En démontrant que nos idées ne sont pas des êtres, mais de pures conceptions logiques, il fit chanceler le vieux monde. Si la pensée de l'homme est à la fois la source et la mesure de toute réalité, c'est en elle-même et non plus dans la tradition et les syllogismes des maîtres que repose la vérité. Chacun de nous porte en soi comme un chiffre merveilleux à l'aide duquel il pourra traduire les lois de la nature et le verbe de Dieu. La raison est à elle-même sa propre autorité et sa propre lumière. Elle a donc le droit de tout explorer, de tout discuter, de tout juger. Et Abélard avait soumis à sa critique le christianisme entier, la Trinité, le péché originel, la Rédemption, le mérite de la foi supérieure aux œuvres, l'amour plus efficace que la grâce. Dans l'ombre du xiiᵉ siècle, il nous apparaît encore tel qu'un précurseur de Descartes et de Kant. Ce « Chevalier errant de la dialectique » vint à Paris et, sur la montagne Sainte-Geneviève, au milieu des vignes, au grand soleil, en face d'une multitude d'écoliers accourus de toutes les provinces de la chrétienté, il proclama le droit de l'esprit au libre examen, le droit de la conscience à la religion libre. Et ces jeunes gens parmi lesquels le futur pape Célestin II coudoyait Arnauld de Brescia, descendaient à la suite du maître dans les rues ténébreuses de la cité, avec une clameur triomphale. Fidèles jusqu'à la fin, ils le suivirent encore, après sa chute, dans sa fuite au désert et bâtirent une ville autour de la cabane de joncs où, d'exil en exil, Abélard venait d'échouer, persécuté par les clercs et maudit par l'Église.

On dit qu'alors, doutant peut-être de son œuvre, il poussa ce cri d'angoisse : *A finibus*

*terræ clamavi ad te, Domine, dum anxia-
retur cor meum!* Mais nous savons qu'il
n'avait pas nourri en vain la jeunesse de l'Europe d'une doctrine de liberté. Des milliers
d'étudiants scolastiques, clercs et moines, qui
s'étaient pressés autour du grand docteur,
étaient revenus à leurs cités, le cœur rempli
d'une foi nouvelle. Ses livres couraient de
main en main à travers la chrétienté. Il avait
commencé l'affranchissement des âmes. On
peut rattacher à Abélard plusieurs des écoles
ou des hérésies qui, dès lors, inquiéteront les
théologiens, Amaury de Chartres par exemple.
Mais de lui aussi procèdent les consciences
qui, sans renier le dogme traditionnel, se réser-
veront une interprétation personnelle de la
parole divine et l'indépendance entière à l'égard
de l'Église. Tel, son plus cher disciple, Arnauld,
que les hommes de ce temps surnommaient
« l'écuyer d'Abélard » et qui, tout en restaurant
à Rome, pour quelques jours, la république de
Tite Live, voulut enlever à l'évêque de Rome,
sans hérésie ni schisme, toute juridiction
temporelle sur le monde féodal et ramener les
pasteurs de l'Église à la simplicité des premiers
apôtres.

Cette liberté rendue à la pensée, au début du xiiᵉ siècle, reparut tout à coup dans la vie civile. Les communes de France naissaient en même temps que l'Université de Paris. Le mouvement d'indépendance s'était manifesté dès la seconde moitié du xiᵉ siècle. Çà et là les bourgeois, les artisans, les marchands s'unissaient par *conjuration* sur les choses saintes, pour échapper au joug seigneurial. Ouvertement protégée par la couronne, à partir de Louis VI, fondée parfois au prix du sang, souvent contrariée par l'Église au nord de la Loire, plus volontiers acceptée par elle au midi, cette communauté originale, antérieure à la cité italienne, n'est point seulement, aux yeux de Michelet, l'œuvre de révoltés qui brisent le lien du servage, mais une révolution morale, la revendication du droit à la vie publique. Ces petites gens, quand ils voyaient « fuir devant leur bannière paroissiale les grands chevaux et les nobles chevaliers », disaient, comme le poète de leur siècle : « Nous sommes hommes comme ils sont; tout aussi grand cœur nous avons; tout autant souffrir nous pouvons ». Les plus vaillantes parmi ces villes étaient les communes picardes, où « l'Église avait jeté les fondements d'une forte démocratie ». « Elles eurent aussi leur beffroi, leur tour, non pas inclinée et vêtue de marbres, comme les *Miranda* d'Italie, mais parée d'une cloche sonore qui n'appelait pas en vain les bourgeois à la bataille contre l'évêque ou le seigneur. » Les *bourgeoisies* firent mieux encore qu'arracher à leurs comtes la charte des libertés municipales ; elles fortifièrent le pouvoir royal en assurant la paix publique, le bon ordre des grands chemins et des carrefours de forêts entre l'Oise et la Loire ; elles furent enfin, contre les rois d'Angleterre, le bouclier de la patrie. Tandis qu'en Italie la commune était une cause de morcellement et de guerre civile, en France, elle parut comme un principe d'union et de vie nationale.

Cependant, depuis la fin du XIe siècle, la chrétienté poursuivait, sans se décourager jamais, l'entreprise de la croisade. C'est encore à la France que revient l'honneur de la guerre sainte. Dès l'an 1000, « un pape français, Gerbert, avait écrit aux princes chrétiens au nom de Jérusalem ». Un autre pape français, Urbain II, eut la gloire de bénir la première armée chevaleresque. La première croisade fut prêchée par Pierre l'Hermite et conduite par

Godefroid de Bouillon; la seconde, prêchée par
saint Bernard, entraîna côte à côte Louis VII
et l'empereur Conrad; la troisième appela vers
la Palestine le roi de France, le roi d'Angleterre et l'empereur; saint Louis se leva seul
pour les deux dernières et, mourant sur un lit
de cendres, à Tunis, si loin du tombeau de
Jésus, il soupirait encore, dit Joinville, et mur-
murait : « O Jérusalem! O Jérusalem! »

Ni Philippe Auguste ni saint Louis n'ont
arraché aux infidèles la terre évangélique; mais
la croisade fut néanmoins l'une des œuvres
fécondes du Moyen âge. Michelet en a montré
les grands résultats. La religion était alors,
dans la diversité des races et des intérêts, le
principe commun de vie, et la féodalité chevaleresque la forme commune de cette vie. « L'Europe ne pouvait se croire une et le devenir
qu'en se voyant en face de l'Asie », en marchant
contre l'islamisme, et ce pèlerinage séculaire,
tant de fois repris, tant de fois avorté, en même
temps qu'il rapprochait les princes et les peuples
et faisait une nation de tout l'Occident, rappro-
cha encore, par la fraternité de l'enthousiasme
et de la souffrance, les seigneurs et les serfs :

« Au pied de la tour féodale qui l'opprimait

de son ombre, le village s'éveilla. Cet homme impitoyable, qui ne descendait de son nid de vautour que pour dépouiller ses vassaux, les arma lui-même, les emmena, vécut avec eux, souffrit avec eux; la communauté des misères amollit son cœur. Plus d'un serf put dire au baron : « Monseigneur, je vous ai trouvé un verre d'eau dans le désert; je vous ai couvert de mon corps au siège d'Antioche ou de Jérusalem ! »

Une conséquence enfin que n'avaient prévue ni les papes ni les rois : le rapprochement de l'Europe et de l'Asie. « Ces deux sœurs, les deux moitiés de l'humanité, s'étaient perdues de vue, lorsqu'elles furent replacées en face par la croisade, et qu'elles se regardèrent. Le premier coup d'œil fut d'horreur. » Mais la première croisade avait créé, pour quelques années, « une petite Europe asiatique », à l'image de la grande. « Il y eut un prince de Galilée, un marquis de Jaffa, un baron de Sidon... Que la forteresse de David fût crénelée par un duc de Lorraine, qu'un géant barbare de l'Occident, un Gaulois, une tête blonde masquée de fer s'appelât marquis de Tyr, voilà ce que n'avait pas vu Daniel. »

La Judée était devenue une France ; la quatrième croisade mit, à son tour, l'Europe et la
France au cœur de l'empire grec. Le français
succéda alors « comme langue politique à
l'universalité de la langue latine, depuis l'Arabie
jusqu'à l'Irlande ». L'Orient se laissait séduire
par l'Occident ; les chevaliers comprenaient la
gravité simple de l'Islam ; peu à peu les haines
religieuses s'effaçaient ; les marchands, les
ménestrels et les musiciens formaient un trait
d'union entre les deux camps, la plaine de
Saint-Jean d'Acre devenait la patrie commune
des deux armées ; le soudan envoyait au roi
Richard son fils, pour qu'il fût armé chevalier
par les barons chrétiens. En ce temps dut
commencer la fortune du conte étrange des
Trois Anneaux, symbole d'égalité entre les trois
grandes religions du monde, toutes trois filles
de Dieu, le judaïsme, le christianisme, l'islamisme. Et Dieu seul, affirmaient les trouvères,
sait quelle est la meilleure.

« La croisade de saint Louis fut la dernière
croisade. Le Moyen âge avait donné son idéal,
sa fleur et son fruit : il devait mourir. En Philippe le Bel, petit-fils de saint Louis, commencent les temps modernes ; le Moyen âge est

souffleté en Boniface VIII ; la croisade brûlée
dans la personne des Templiers. »

IV

Dès lors l'histoire du monde change de
figure. Le beau mot de chrétienté ne répond
plus à l'état réel de l'Occident. Chaque nation
se replie sur elle-même et la lutte pour la vie
s'aggrave de jour en jour entre les peuples,
entre les princes, les hauts suzerains et leurs
grands vassaux, le Saint-Siège et l'Italie, entre
l'Église romaine et la société chrétienne. Temps
douloureux, plein de violences, d'âpres convoi-
tises, de froides perfidies. Alors la France se
débat dans l'agonie de la guerre de Cent Ans.
Tout lui échappe à la fois, l'indépendance de
son territoire, la liberté de son Église, la fidè-
lité de ses feudataires et même, un instant, sa
dynastie traditionnelle. Elle a vu l'un de ses
rois prisonnier de l'Angleterre, un autre frappé
de démence ; le roi de France n'est plus que le
roi de Bourges. Mais une pauvre fille venue des
marches de Lorraine, une petite bergère revêt

la cuirasse, ceint l'épée et sauve la patrie française.

Michelet a raconté l'histoire, je dirais presque l'évangile de Jeanne d'Arc, avec une émotion, une tendresse infinie. Il a respecté la chronique candide, le merveilleux des premières années, les songeries mystiques de l'enfant, le murmure des bonnes fées, des *dames*, dans le feuillage des chênes, au bord des sources, la voix très douce de monseigneur saint Michel, les visions de lumière dans le jardin paternel. « Née sous les murs mêmes de l'église, bercée du son des cloches et nourrie de légendes, elle fut une légende elle-même, rapide et pure, de la naissance à la mort. » Tournez cette page de vieux missel, où la blanche image, plus blanche que le lis, se détache sur l'or et l'azur, et voici la réalité tragique de cette contrée et de cette guerre : « l'attente, le tocsin, le réveil en sursaut et, dans la plaine, au loin, le rouge sombre de l'incendie... le village saccagé, la maison dévastée, l'église incendiée. Elle sut ainsi ce qu'est la guerre... Elle se demanda si Dieu permettrait cela toujours, s'il ne mettrait pas un terme à ces misères, s'il n'enverrait pas un libérateur, comme il l'avait fait si souvent pour

Israël, un Gédéon, une Judith. » Et « la pitié
qui estoit au royaume de France » lui fit
entendre l'ordre de Dieu et lui révéla sa mission.

Elle alla donc, en sa paix virginale, parmi
les hommes d'armes et les jeunes chevaliers,
elle alla au roi, aux évêques, aux légistes, aux
moines, aux scolastiques, adorée comme une
sainte par les foules, soupçonnée déjà de sor-
tilège par les docteurs, les inquisiteurs et les
solennels sophistes de l'Université. Le soir de
sa première victoire, elle pleura à la vue du
champ de massacre. « Jamais je n'ai veu sang
de François que mes cheveux ne levassent. »
Au sacre de Reims, elle se jeta en pleurant aux
genoux de Charles VII, avec le pressentiment
de sa fin prochaine. « Si je dois mourir, disait-
elle à l'archevêque, je serais bien heureuse que
l'on m'enterre ici. » Puis, par un retour subit
vers le lieu de son berceau : « Je voudrais qu'il
plût à Dieu que je m'en allasse garder les mou-
tons avec ma sœur et mes frères. Ils seraient si
heureux de me revoir! J'ai fait du moins ce que
notre Seigneur m'avait commandé de faire. »

Mais il fallait que Jeanne d'Arc savourât
toutes les amertumes de sa Passion et gravît la

pente de son calvaire pour qu'un exemple
immortel de sacrifice et d'amour fût ajouté aux
gloires de notre vieille France. Le jour qu'elle
fut prise, elle avait dit aux enfants, dans une
église de Compiègne : « Mes bons amis et mes
chers enfants, je vous le dis avec assurance, il
y a un homme qui m'a vendue, je suis trahie
et bientôt je serai livrée à la mort ». A ses juges,
aux pharisiens stupides qui la tourmentaient de
questions insidieuses, elle répondit : « Je viens
de par Dieu, je n'ai que faire ici, renvoyez-moi
à Dieu, dont je suis venue ». Elle reconnut
que ses voix l'appelaient encore chaque
jour : « Jehanne la Pucelle, fille de Dieu. » Elles
lui disaient encore : « Prends tout en gré; ne te
soucie de ton martyre, tu en viendras enfin au
royaume de Paradis. » Oubliée par son roi,
abandonnée et diffamée par l'Église, elle garda
jusqu'à la suprême minute cette foi au miracle
permanent, à l'assistance de Dieu qui lui avait
donné la force de relever la France. Vingt ans
après le bûcher de Rouen, deux simples moines,
un franciscain et un prêcheur, qui recueillirent
ses dernières paroles, déposaient ainsi :

« Nous l'entendions, dans le feu, invoquer ses
saintes, son archange; elle répétait le nom du

Sauveur... Enfin, laissant tomber sa tête, elle poussa un grand cri : « Jésus! » Dix mille hommes pleuraient. »

Aucun reliquaire n'a reçu les cendres de la pauvre fille, mais sa religion, trop longtemps méconnue, demeurait au cœur de la France, et c'est l'honneur de Michelet d'en avoir été l'un des premiers témoins. Les pages qu'il consacre au souvenir de Jeanne d'Arc sont l'épilogue de notre vieille histoire, de ce long poème d'héroïsme et de larmes, la plus éclatante Chanson de Geste du moyen âge, *Gesta Dei per Francos*.

EMILE GEBHART.

PRÉCIS

DE

L'HISTOIRE DE FRANCE

AU MOYEN AGE

PRÉFACE

Ce n'est pas chose facile d'abréger dans
une proportion convenable, de choisir entre
les faits selon leur importance relative,
d'omettre et de supprimer à propos, souvent
de resserrer et de concentrer. On ne peut
guère abréger ainsi que ce qu'on a déjà sous
les yeux dans une forme plus étendue. Un
abrégé d'histoire suppose une histoire. J'ai
fait l'histoire; je fais l'abrégé.

L'abrégé d'un grand ouvrage en doit donner le plan, il doit mettre aux mains du lecteur le fil qui l'empêchera de s'égarer dans la complication des détails; il les éclaire, par cela qu'il les résume; il en est l'interprétation. C'est à l'auteur qu'il convient de donner cette interprétation, et d'être son propre abréviateur.

Qu'on ne s'étonne pas de trouver un grand nombre de différences entre ce petit livre et celui d'où il est sorti. On a dû écarter de l'abrégé toute digression, tout développement purement scientifique. On s'est rarement permis les citations textuelles. Si telle ou telle assertion semblait quelque peu nouvelle, on prie le lecteur de suspendre son jugement, et d'examiner si elle n'a pas ses preuves dans le grand ouvrage.

Dans cette nouvelle édition, le *Précis de l'Histoire de France* a subi divers changements. De nombreuses corrections ont été faites. La chronologie est plus nettement marquée. Des notes d'une étendue considérable permettent de suivre le progrès des institutions, celui des sciences et de la littérature. On trouvera de plus à la fin du Précis un catalogue des principales sources auxquelles on peut recourir pour l'étude de chaque chapitre.

J. M.

PRÉCIS

DE

L'HISTOIRE DE FRANCE

CHAPITRE PREMIER

I

CELTES. — IBÈRES

Deux races paraissent, dans une haute antiquité, sur le sol de la Gaule ; les Celtes ou Galls, fonds principal de la population, et les Ibères répandus dans le Midi. Ces deux races formaient un parfait contraste : les Ibères, divisés en petites tribus montagnardes, qui s'alliaient rarement entre elles ; les Galls, s'associant volontiers en grandes hordes, campant en grands villages, dans de grandes plaines tout ouvertes, race éminemment sympathique et sociale.

Les Galls refoulèrent les Ibères jusqu'aux Pyrénées, et les poursuivirent en Espagne. En Italie, ils prévalurent de même sur les tribus ibériennes des Ligures, Sicanes et Sicules.

Plus tard, les mines précieuses de la Gaule attirèrent les Phéniciens; ils bâtirent Némausus, puis Alésia sur le territoire éduen (pays d'Autun), et frayèrent la route qui traversait le col de Tende et conduisait d'Italie en Espagne; c'est sur ces premières assises que les Romains bâtirent la *via Aurelia* et la *Domitia*.

Aux Phéniciens succédèrent les Doriens de Rhodes, qui furent eux-mêmes supplantés par les Ioniens de Phocée. Ceux-ci fondèrent Marseille (an 600 av. J.-C.); elle étendit ses établissements le long de la Méditerranée, depuis les Alpes maritimes jusqu'aux premières colonies carthaginoises.

Cependant le Nord recevait des Celtes eux-mêmes sa civilisation. Une nouvelle tribu celtique, celle des Kymris, vint s'ajouter à celle des Galls. Les nouveaux venus, qui s'établirent principalement au centre de la France, sur la

Seine et la Loire, avaient, ce semble, plus de sérieux et de suite dans les idées; moins indisciplinables, ils étaient gouvernés par la corporation sacerdotale des Druides. La religion druidique avait une tendance beaucoup plus élevée que le culte primitif des Galls, elle enseignait l'immortalité de l'âme.

C'est vers le même temps que l'histoire place les voyages de Sigovèse et Bellovèse, neveux du roi des Bituriges. Ces premiers émigrants s'établissent en Lombardie sous le nom de *Is-Ambra*, Is-Ombriens, Insubriens; ils y fondent Milan. Leurs frères viennent s'établir en Vénétie, et bâtissent Brixia et Vérone. Enfin, d'autres tribus vont jusqu'à l'Adriatique; elles fondent Bologne et Senagallia, ou plutôt s'établissent dans les villes que les Étrusques avaient déjà fondées.

Les Gaulois passèrent ensuite l'Apennin, descendirent dans l'Étrurie, et demandèrent des terres. On sait qu'en cette occasion les Romains intervinrent pour les Étrusques, leurs anciens ennemis, et qu'une terreur panique livra Rome aux Gaulois (an 388 av. J.-C.). La jeunesse, qui s'était enfermée dans le Capitole, résista quelque temps, et finit par payer rançon. Tite-Live assure que Camille vengea sa patrie par une victoire, et massacra les Gaulois sur les ruines qu'ils avaient faites. Ce qui est plus sûr, c'est qu'ils restèrent dix-sept ans dans le Latium, à Tibur même, à la porte de Rome.

Chassés du Latium, ils continuèrent la guerre comme mercenaires au service de l'Étrurie; ils furent défaits, avec les Étrusques et les Samnites, dans ces terribles batailles qui assurèrent à Rome la domination de l'Italie, et par suite celle du monde.

Après l'invasion kymrique, la Gaule avait subi celle des Belges ou *Bolgs*, qui, traversant toute la Gaule jusqu'en Languedoc, s'y étaient établis sous le nom d'Arécomiques et de Tectosages. Ces Bolgs, mêlés d'autres Gaulois et de Germains, descendirent la vallée du Danube, envahirent avec succès la Thrace et la Macédoine, et vinrent échouer contre la roche sacrée de Delphes. D'autres Gaulois passèrent le Bosphore. Le roi de Bythinie et les villes grecques achetèrent leur secours contre les Séleucides, secours intéressé et funeste; les barbares se partagèrent l'Asie Mineure à piller et à rançonner (270-190).

A cette époque, les Gaulois allaient partout

cherchant fortune. Ils eurent grande part à la première guerre punique et à cette horrible guerre des mercenaires d'Afrique; Rome profita des embarras de Carthage et de l'entr'acte des deux guerres puniques pour accabler les Ligures et les Gaulois d'Italie (239-222).

Irrités par les précautions vexatoires des Romains, les Boies et les Insubriens (Bologne et Milan) avaient appelé d'au delà des Alpes des bandes barbares qui se mirent à la solde des riches tribus cisalpines. Mais toute la population de l'Italie centrale et méridionale se leva pour arrêter l'invasion, et arma, dit-on, sept cent soixante-dix mille soldats. Les Gaulois s'avançaient vers Rome, lorsqu'une armée romaine débarqua par hasard sur leurs flancs, et ils se trouvèrent pris entre trois armées. Les Boies furent accablés. Flaminius alla chercher les Insubriens au delà du Pô, et remporta une éclatante victoire. Son successeur, Marcellus, tua en combat singulier le brenn, ou chef, Virdumar, et consacra à Jupiter Férétrien les secondes dépouilles opimes (depuis Romulus). Les Insubriens furent réduits (222), et la domination des Romains s'étendit sur toute l'Italie jusqu'aux Alpes.

Tandis que Rome croit tenir sous elle les Gaulois d'Italie terrassés, Hannibal arrive et les relève ; il gagne avec leur sang ses grandes batailles de Trasymène et de Cannes. Ils résistent trente ans encore après le départ d'Hannibal (201-170).

En même temps les Romains renversaient la puissance des Gaulois ou Galates de l'Asie Mineure. Quoique la plupart eussent refusé de secourir Antiochus, le préteur Manlius attaqua leurs trois tribus (Trocmes, Tolistoboies, Tectosages), et les força dans leurs montagnes (189).

II

LES ROMAINS EN GAULE. — JULES CÉSAR

Après avoir abattu les Gaulois dans l'Italie et dans l'Asie, il restait à pénétrer dans la Gaule, au foyer même des invasions barbares. Les Romains y furent appelés d'abord par leurs alliés, les Grecs de Marseille, et fondèrent (126-124) Aquæ-Sextiæ (Aix).

Deux vastes confédérations partageaient les

tribus gauloises : d'une part, les Edues (Autun),
peuple que nous verrons plus loin étroitement
uni avec les tribus des Carnutes, des Parisii,
des Senones (Chartres, Paris, Sens); d'autre
part, les Arvernes et les Allobroges (Auvergne,
Savoie). Les Édues virent avec plaisir l'invasion
romaine. Les Marseillais s'entremirent et leur
obtinrent le titre d'*Alliés et Amis du peuple
romain*. Marseille avait introduit les Romains
dans le midi des Gaules; les Édues leur ouvri-
rent la Celtique ou Gaule centrale, et plus tard
les Remi la Belgique.

Les ennemis de Rome, à leur tête les Arvernes et leur chef Bituit, se hâtèrent avec la pré-
cipitation gallique, et furent vaincus séparément sur les bords du Rhône. Les consuls
s'acheminèrent vers les Pyrénées, et fondèrent,
presque à l'entrée de l'Espagne, une puissante
colonie, *Narbo-Martius* (Narbonne). Ce fut la
Rome gauloise et la rivale de Marseille (119).

A la même époque, un nouveau flux de barbares gaulois et germains, les Kymris (ou
Cimbres) et les Teutons, fuyant, dit-on, devant
un débordement de la Baltique, se mirent à
descendre vers le Midi, au nombre de trois
cent mille guerriers, leurs familles, vieillards,

femmes et enfants, suivaient dans des chariots. Ils dévastèrent la Gaule centrale, passèrent le Rhône, et battirent trois armées romaines. Les Tectosages de Tolosa, unis aux Cimbres par une origine commune, les appelaient contre Rome, dont ils avaient secoué le joug. Le consul Cépion saccagea Tolosa, puis fut battu, et ses cent vingt mille hommes exterminés. De là les Cimbres allèrent se répandre dans l'Espagne.

Rome avait appelé Marius de l'Afrique pour lui confier sa défense contre ces barbares. Ce dur soldat s'enferma patiemment dans un camp fortifié, disciplina ses troupes, attendit les Teutons, et leur refusa longtemps la bataille ; enfin, il les attaqua lui-même, et leur tua cent mille hommes. Le village de Pourrières rappelle encore aujourd'hui le nom donné au champ de bataille : *Campi Putridi*.

Cependant les Cimbres, ayant passé les Alpes noriques, étaient descendus dans la vallée de l'Adige. Marius vint y joindre son collègue Catulus, et donna rendez-vous aux barbares dans la plaine de Verceil où il les défit. La poussière et le soleil méritèrent le principal honneur de la victoire. Après la défaite, les femmes des Cimbres égorgèrent leurs enfants ;

puis elles se pendaient, s'attachaient par un nœud coulant aux cornes des bœufs, et les piquaient ensuite pour se faire écraser. Les chiens de la horde défendirent leurs cadavres ; il fallut les exterminer à coups de flèche. — Marius fit ciseler sur son bouclier la figure d'un Gaulois tirant la langue, image populaire à Rome dès le temps de Torquatus. Le peuple l'appela le troisième fondateur de Rome après Romulus et Camille (112-101.)

L'empire romain, sauvé par Marius, fut étendu par César, qui conquit toute la Gaule (58-51).

Lorsqu'il l'envahit, elle semblait convaincue d'impuissance pour s'organiser elle-même. Des villes s'étaient formées, espèce d'asiles au milieu de cette vie de guerre. Mais tous les cultivateurs étaient serfs, et César pouvait dire : Il n'y a que deux ordres en Gaule, les druides et les cavaliers (*equites*).

Des deux factions qui partageaient tous les États gaulois, celles des Édues et celle des Arvernes et Séquanes, la dernière appela les tribus germaniques des Suèves. Ils passèrent le Rhin sous la conduite d'un chef nommé Arioviste, et battirent les Édues. Un parti des Édues implora le secours des Romains ; un autre, celui des Helvètes.

1.

Ces montagnards avaient fait depuis trois ans
de tels préparatifs, qu'on voyait bien qu'ils
voulaient s'interdire à jamais le retour. Ils
avaient brûlé leurs douze villes et leurs quatre
cents villages, détruit les meubles et les pro-
visions qu'ils ne pouvaient emporter. En comptant les femmes et les enfants, ils étaient au
nombre de trois cent soixante-dix-huit mille.
Ce cortège embarrassant leur faisait préférer
le chemin de la province romaine. Ils y trouvèrent à l'entrée, vers Genève, César, qui leur
barra le chemin, et les amusa assez longtemps
pour élever, du lac au Jura, un mur de dix
mille pas et de seize pieds de haut. Il leur
fallut donc s'engager par les âpres vallées du
Jura, traverser le pays des Séquanes, et
remonter la Saône. César les joignit comme ils
passaient le fleuve, attaqua une de leurs tribus,
isolée des autres, et l'extermina. Puis il atteignit de nouveau le corps principal des Helvètes,
dans sa fuite vers le Rhin, les obligea de rendre
les armes, et de s'engager à retourner dans
leurs pays.

Ce n'était rien d'avoir repoussé les Helvètes,
si les Suèves envahissaient la Gaule. Les
migrations de ces derniers étaient conti-

nuelles : déjà, cent vingt mille guerriers étaient passés. *La Gaule allait devenir Germanie.* César pénétra jusqu'au camp des barbares, non loin du Rhin, les força de combattre, quoiqu'ils eussent voulu attendre la nouvelle lune, et les détruisit dans une furieuse bataille : presque tout ce qui échappa périt dans le Rhin (58).

Les Gaulois du Nord, Belges et autres, jugè-- rent, non sans vraisemblance, que si les Romains avaient chassé les Suèves, ce n'était que pour leur succéder. Ils formèrent une vaste coalition, et César saisit ce prétexte pour pénétrer dans la Belgique. Il emmenait comme guide et interprète un druide éduen; les Bello-- vaques et les Suessions (Beauvais, Soissons s'accommodèrent par son entremise. Mais les Nerviens (Hainaut), soutenus par les Atrébates et les Véromandui (Arras, Saint-Quentin), surprirent l'armée romaine en marche, au bord de la Sambre, dans la profondeur de leurs forêts, et se crurent au moment de la détruire. César fut obligé de saisir une enseigne et de se porter lui-même en avant. Ce brave peuple fut exterminé.

Ne cachant plus alors le projet de soumettre

la Gaule, César entreprit la réduction de toutes les tribus des rivages. Il perça les forêts et les marécages des Ménapes et des Morins (Zélande et Gueldre, Gand, Bruges, Boulogne); un de ses lieutenants soumit les Unelles, Éburoviens et Lexoviens (Coutances, Évreux, Lisieux); un autre, le jeune Crassus, conquit l'Aquitaine. César lui-même attaqua les Vénètes et autres tribus de l'Armorique, Ils communiquaient sans cesse avec la Grande-Bretagne , et en tiraient des secours. Pour les réduire, il fallait être maître de la mer. Rien ne rebutait César. Il fit des vaisseaux, il fit des matelots, leur apprit à fixer les navires bretons en les accrochant avec des mains de fer et fauchant leurs cordages. La petite Bretagne ne pouvait être vaincue que dans la grande. César résolut d'y passer, d'y frapper le parti druidique. Mais auparavant il voulut frapper l'autre parti, celui qui appelait les barbares de la Germanie; il passa le Rhin.

Deux grandes tribus germaniques, les Usupiens et les Tenctères, fatigués par les incursions des Suèves, venaient d'entrer à leur tour dans la Gaule (55). César les extermina. Puis, en dix jours, il jeta un pont sur le Rhin, non loin de Cologne, malgré la largeur et l'impétuosité de ce fleuve immense. Après avoir fouillé en vain les forêts des Suèves, il repassa le Rhin, traversa toute la Gaule, et la même année s'embarqua pour la Bretagne. La malveillance des Gaulois, les grandes marées de l'équinoxe qui brisèrent sa flotte, faillirent lui être fatales; mais l'année suivante, il mit en fuite les Bretons, et força le roi Caswallawn dans l'enceinte marécageuse où il avait rassemblé ses hommes et ses bestiaux. Il écrivit à Rome qu'il avait imposé un tribut à la Bretagne, et y envoya en grande quantité les perles de peu de valeur qu'on recueillait sur les côtes.

Cependant l'insurrection éclatait partout dans les Gaules. Les Éburons (Liège) massacrent une légion, en assiègent une autre. César, pour délivrer celle-ci, passe avec huit mille hommes à travers soixante mille Gaulois. L'année suivante (53), il assemble à Lutèce les états de la Gaule. Mais les Nerviens et les Trévires, les Sénonais et les Carnutes n'y paraissent pas. César les attaque séparément et les accable tous. Il passe une seconde fois le Rhin pour intimider les Germains qui voudraient venir au secours. Puis il frappe à la fois les deux partis qui divisaient la Gaule : les Sénonais et les Éburons ; il chasse le chef de ces derniers, l'intrépide Ambiorix, dans toute la forêt d'Ardenne, et détruit sa nation par les mains mêmes des Gaulois.

Ces barbaries réconcilièrent toutes les tribus contre César. Elles se trouvèrent d'accord pour la première fois. Les Édues mêmes étaient, au moins secrètement, contre leur ancien ami. Le signal partit de la terre druidique des Carnutes, de Genabum. Répété par des cris à travers les champs et les villages, il parvint le soir même à cent cinquante milles, chez les Arvernes, autrefois ennemis du parti druidique et populaire, aujourd'hui ses alliés.

Le vercingétorix (général en chef) de la confédération fut un jeune Arverne, intrépide et ardent. Son plan était d'attaquer à la fois la Province au Midi, au Nord les quartiers des légions. César, qui était en Italie, devina tout. Il passa les Alpes, assura la Province, franchit les Cévennes à travers six pieds de neige, et apparut tout à coup chez les Arvernes.

Alors le vercingétorix déclare aux siens qu'il n'y a point de salut s'ils ne parviennent à affamer l'armée romaine ; le seul moyen pour cela est de brûler eux-mêmes leurs villes. Ils accomplissent héroïquement cette cruelle résolution. Vingt cités des Bituriges furent brûlées par leurs habitants. Mais quand ils en vinrent à la grande Agendicum (Bourges), les habitants embrassèrent les genoux du général et le supplièrent d'épargner la plus belle ville des Gaules. La ville n'en périt pas moins, mais par César.

Cependant les Édues, qui formaient sa cavalerie, s'étaient déclarés contre lui. Son lieutenant Labiénus eût été accablé dans le Nord, s'il ne s'était dégagé par une victoire (entre Lutèce et Melun). César lui-même échoua au siège de Gergovie des Arvernes. Ses affaires allaient si mal, qu'il voulait gagner la province romaine. L'armée des Gaulois le poursuivit et l'atteignit. Le combat fut terrible; César fut obligé de payer de sa personne, il fut presque pris, et son épée resta entre les mains des ennemis. Cependant un mouvement de la cavalerie germaine au service de César décida la victoire en sa faveur.

Le vercingétorix alla se retrancher sous les murs d'Alésia, ville forte, située au haut d'une montagne (dans l'Auxois). César n'hésita point d'assiéger cette grande armée ; il entoura la ville et le camp gaulois d'ouvrages prodigieux. La Gaule entière vint s'y briser. Les efforts désespérés des assiégés, réduits à une horrible famine, ceux de deux cent cinquante mille Gaulois, qui attaquaient les Romains du côté de la campagne, échouèrent également. Le vercingétorix vint se livrer au vainqueur. César accabla l'un après l'autre tous les peuples de la Gaule qui essayaient encore de résister partiellement (52).

Dès ce moment, il changea de conduite à l'égard des Gaulois : il fit montre envers eux d'une extrême douceur ; le tribut fut même déguisé sous le nom honorable de *solde militaire*. Il engagea à tout prix leurs meilleurs guerriers dans ses légions ; il en composa une légion tout entière dont les soldats portaient une alouette sur le casque, et qu'on appelait pour cette raison l'*alauda*. La guerre des Gaules avait été pour César la préparation de la guerre civile ; les Gaulois vaincus l'aidèrent eux-mêmes à vaincre Rome.

CHAPITRE II

I

LA GAULE ROMAINE

Les Gaulois eurent bonne part dans les dépouilles de la guerre civile. Les Romains virent avec honte et douleur des sénateurs gaulois siégeant entre Cicéron et Brutus. Mais Octave leur fut moins favorable que César. Il les chassa du sénat, il augmenta les tributs de la Gaule. Il y fonda une Rome, *Valentia* (c'était un des noms mystérieux de la ville éternelle). Il y conduisit plusieurs colonies militaires, à Orange, Fréjus, Carpentras, Aix, Apt, Vienne, etc. Une foule de villes devinrent de nom et de privilèges *Augustales*, comme plusieurs étaient devenues *Juliennes* sous César. Au mépris de tant de cités illustres et antiques, il désigna pour siège de l'administration, la ville toute récente de Lyon. C'est à Lyon, à Aisnay, à la pointe de la Saône et du Rhône, que soixante cités gauloises élevèrent l'autel d'Auguste, sous les yeux de son beau-fils Drusus. Auguste prit place parmi les divinités du pays. D'autres autels lui furent dressés à Saintes, à Arles, à Narbonne, etc.

La vieille religion gallique s'associa volontiers au paganisme romain. Mais le druidisme résista plus longtemps à l'influence romaine. Il ne fut sans doute pas étranger au soulèvement du pays sous Tibère, quoique l'histoire lui donne pour cause le poids des impôts augmentés par l'usure. Le chef de la révolte était un Édue, Jelius Sacrovir, et un Julius Florus qui souleva les Trévires (21 ap. J.-C.).

Les Anticaves et les Turoniens (Anjou, Touraine), éclatèrent les premiers. Ils furent comprimés bientôt. Les Trévires, surpris par les légions, se dissipèrent, et Florus se tua. La révolte des Édues fut plus difficile à réprimer. Sacrovir, avec des cohortes régulières, s'était emparé d'Augustodunum (Autun), leur capitale, où les enfants de la noblesse gauloise étudiaient les arts libéraux : il distribua des armes aux habitants. Bientôt il fut à la tête de quarante mille hommes, dont le cinquième était armé comme les légionnaires. Il y joignit les esclaves destinés au métier de gladiateur, et que les Gaulois appelaient crupellaires. Une armure de fer les couvrait tout entiers et les rendait invulnérables. Cependant Sacrovir fut battu, et il se tua comme Florus.

Caligula se montra, comme son aïeul Antoine, l'ami des barbares. Né lui-même à Trèves, il vint instituer à Lyon des jeux burlesques et terribles, des combats d'éloquence, où le vaincu devait effacer ses écrits avec la langue, ou se laisser jeter dans le Rhône. Il aimait à s'entourer des Gaulois les plus illustres (Valérius Asiaticus et Domitius Afer).

Claude était Gaulois lui-même; il était né à Lyon. S'il eût vécu, il eût, dit Suétone, donné le droit de cité à tout l'Occident, aux Grecs, aux Espagnols, aux Bretons et aux Gaulois, d'abord aux Édues. Il rouvrit le sénat à ceux-ci, comme avait fait César. Le discours qu'il prononça en cette occasion, et que l'on conserve encore à Lyon sur des tables de bronze, est le premier monument authentique de notre histoire nationale, le titre de notre admission dans cette grande initiation du monde (48).

En même temps, Claude poursuivait le culte sanguinaire des druides. Proscrits dans la Gaule, ils durent se réfugier en Bretagne. Il alla les forcer lui-même dans ce dernier asile; ses lieutenants déclarèrent province romaine les pays qui forment le bassin de la Tamise, et laissèrent à Camulodunum une nombreuse colonie militaire.

Les légions avançaient toujours à l'ouest, renversant les autels, détruisant les vieilles forêts, et sous Néron le druidisme se trouva acculé dans la petite île de Mona. Suetonius Paullinus l'y suivit; mais les Bretons se soulevèrent derrière lui, à leur tête la fameuse Boadicée, qui avait à venger d'intolérables outrages. Ils avaient exterminé les vétérans de Camulodunum et toute l'infanterie d'une légion. Suetonius les écrasa en bataille rangée; il tua jusqu'aux chevaux. Après lui, Cérialis et Frontinus poursuivirent la conquête du Nord. Le beau-père de Tacite, Agricola, devait achever sous Domitien la réduction de la Bretagne.

Néron fut favorable à la Gaule. Il conçut le projet d'unir l'Océan à la Méditerranée par un canal qui aurait été tiré de la Moselle à la Saône. Il soulagea Lyon, incendié sous son règne. Aussi, dans les guerres civiles qui accompagnèrent sa chute, cette ville lui resta fidèle. Le principal auteur de cette révolution, l'Aquitain Vindex, alors propréteur de la Gaule, qui excita Galba à se déclarer empereur (68). Vindex ayant péri, la Gaule prit parti pour Vitelius; les légions de Germanie avec lesquelles il vainquit Othon et prit Rome, se composaient en grande partie de Germains, de Bataves et de Gaulois. Rien d'étonnant si la Gaule vit avec douleur la victoire de Vespasien.

Un chef batave, nommé Civilis, borgne comme Annibal et Sertorius, comme eux ennemi de Rome, saisit cette occasion (68). Il vit un instant tous les Bataves, tous les Belges, se déclarer pour lui. Il était encouragé par la fameuse Velléda, que révéraient les Germains comme inspirée des dieux, ou plutôt comme si elle eût été un dieu elle-même. D'autre part, les druides sortaient de leurs retraites et déclaraient que l'empire gaulois allait succéder à l'empire romain. Il ne fallut pas même une armée romaine pour réprimer l'insurrection. Il suffit des Gaulois restés fidèles à Rome.

Le chef des insurgés, Sabinus, s'enferma avec sa femme Éponine dans un souterrain; ils y eurent, ils y élevèrent des enfants. Au bout de dix ans, il furent enfin découverts. Éponine se présenta devant l'empereur Vespasien, entourée de cette famille infortunée qui voyait le jour pour la première fois. La cruelle politique de l'empereur fut inexorable.

La guerre fut plus sérieuse dans la Belgique et la Batavie. Toutefois la Belgique se soumit encore; la Batavie résista dans ses marais. Le général romain Cérialis, deux fois surpris, deux fois vainqueur, finit la guerre en gagnant Velléda et Civilis.

Cette guerre ne fit que montrer combien la Gaule était déjà romaine, combien était fort le lien qui l'unissait à l'Empire. Les Romains fréquentaient les écoles grecques de Marseille. Les Gaulois du Midi, vifs, intrigants, devaient réussir et comme beaux parleurs et comme médecins, comme mimes surtout : ils donnèrent à Rome son Roscius. Cependant ils réussissaient dans d'autres genres. Nommons seulement Trogue-Pompée, Pétronius Arbiter, Varro Atacinus, Cornélius Gallus, ami de Virgile. Le premier rhéteur à Rome fut le Gaulois Gnipho (M. Antonius). Il y forma à l'éloquence les deux grands orateurs du temps, César et Cicéron. Nous voyons, sous Tibère, les Montanus au premier rang des orateurs et pour la liberté et pour le génie. Caligula, qui se piquait d'éloquence, eut deux Gaulois éloquents pour amis, Valérius Asiaticus et Domitius Afer. Le Gaulois Zénodore sculpta dans la ville des Arvernes le colosse du Mercure gaulois. Néron, qui aimait le grand, le prodigieux, le fit venir à Rome pour élever près du forum sa statue haute de cent vingt pieds.

La Gaule exerça bientôt une influence plus directe sur les destinées de l'Empire. L'Aquitain Vindex précipita Néron, éleva Galba; le Toulousain Bec (Antonius Primus), ami de Martial et poète lui-même, donna l'Empire à Vespasien; le Provençal Agricola soumit la Bretagne à Domitien; enfin d'une famille de Nîmes sortit le pieux Antonin, père adoptif de Marc-Aurèle.

Au premier siècle de l'Empire, la Gaule avait fait des empereurs; au second, elle avait fourni des empereurs gaulois; au troisième, elle essaya de se séparer de l'Empire qui s'écroulait, de former un Empire gallo-romain.

Les généraux qui sous Gallien prirent la pourpre dans la Gaule, paraissent avoir été presque tous des hommes supérieurs ; le premier, Posthumius, fut surnommé le Restaurateur des Gaules (260-67). Il avait composé son armée en grande partie de troupes gauloises et franciques. Il fut tué par ses soldats pour leur avoir refusé le pillage de Mayence, qui s'était révoltée contre lui. Nous nous contenterons d'indiquer ses successeurs, l'armurier Marius, Victorinus et Victoria, la *mère des légions*, enfin Tétricus, qu'Aurélien eut la gloire de traîner derrière son char avec la reine de Palmyre. Quoique ces événements aient eu la Gaule pour théâtre, ils appartiennent moins à l'histoire du pays qu'à celle des armées qui l'occupaient (260-271) [1].

1. Probus reprend aux Germains soixante villes gauloises, repousse les Francs sur le Rhin, chasse les Bourguignons des bords de la Seine et détruit les Lagyens. — 287. Révoltes des Bagaudes. — 292. Le césar Constance Chlore, chargé de l'administration des Gaules, repousse les Allemands au delà du Rhin. — 306. Constantin, proclamé empereur à Yorck, ne règne jusqu'en 312, que sur la préfecture des Gaules (Bretagne, Gaules, Espagne). — 310. Son beau-père Maximien tué dans Marseille. — Rois des Francs prisonniers, jetés aux bêtes dans l'amphithéâtre de Trèves. — 350. Constant assassiné dans les Pyrénées par Magnence, qui, vaincu par Constance, se donne la mort à Lyon (353) ; mais les Germains, que Cons-

La plupart de ces empereurs provinciaux, de ces *tyrans*, comme on les appelait, furent de grands hommes; ceux qui leur succédèrent et qui rétablirent l'unité de l'Empire, les Auréliens, les Probus, furent plus grands encore. Et cependant l'Empire s'écroulait dans leurs mains.

Ce ne sont pas les barbares qu'il en faut accuser; l'invasion des Cimbres sous la République avait été plus formidable que celles du temps de l'Empire. Ce n'est pas même généralement aux princes qu'il faut s'en prendre; si le mal de l'Empire eût été un mal politique administratif, tant de grands et bons empereurs y eussent remédié. Mais c'était un mal social, et rien ne pouvait en tarir la source, à moins qu'une société nouvelle ne vînt remplacer la société antique.

La classe des petits cultivateurs ayant peu à peu disparu, les grands propriétaires qui leur succédèrent y avaient suppléé par des

tance a appelés dans la Gaule, ruinent quarante-cinq villes. — 355. Julien. — 357. Victoire de Strasbourg. — 360. Julien est proclamé empereur à Lutèce. — 353-75. Victoire de Valentinien sur les Allemands qui, de nouveau, ravageaient la rive gauche du Rhin. — 375-83. Règne de Gratien dans la préfecture des Gaules. — 402. Stilicon rappelle les légions des Gaules à la défense de l'Italie. — 406. Les barbares se répandent dans la Gaule.

esclaves. Ces esclaves, s'usant rapidement par la rigueur des travaux qu'on leur imposait, disparurent bientôt à leur tour. La société antique, bien différente de la nôtre, ne renouvelait pas incessamment la richesse par l'industrie. Consommant toujours et ne produisant plus, depuis que les générations industrieuses avaient été détruites par l'esclavage, elle demandait toujours davantage à la terre, et les mains qui la cultivaient, cette terre, devenaient chaque jour plus rares et moins habiles.

La misère croissante des colons, sur qui retombaient toutes les misères de l'Empire, les força enfin à la révolte. Tous les serfs des Gaules prirent les armes sous le nom de *Bagaudes* (287). En un instant ils furent maîtres des campagnes, brûlèrent plusieurs villes, et exercèrent plus de ravages que n'auraient pu faire les barbares. Ils s'étaient choisi deux chefs : Ælianus et Amandus, qui, selon une tradition, étaient chrétiens. Maximien accabla ces multitudes indisciplinées. Cependant longtemps après, on nous parle encore des Bagaudes. Ces fugitifs contribuèrent sans doute à fortifier le Ménapien Carausius dans son usurpation de la Bretagne.

Les empereurs chrétiens n'avaient pu remédier aux maux de l'Empire. Tous les essais qui furent faits n'aboutirent qu'à montrer l'impuissance définitive de la législation. Dès le temps d'Auguste, la désolation croissante avait provoqué des lois qui sacrifiaient tout à l'intérêt de la population, même la morale. Pertinax et Aurélien distribuèrent les terres désertes de l'Italie. Probus fut obligé de transplanter de la Germanie des hommes et des bœufs pour cultiver la Gaule. Il y fit replanter les vignes arrachées par Domitien. Maximien et Constance Chlore transportèrent des Francs et d'autres Germains dans les solitudes du Hainault, de la Picardie, du pays de Langres; et cependant la dépopulation augmentait dans les villes, dans les campagnes. Chaque jour, quelques citoyens cessaient de payer l'impôt; ceux qui restaient payaient d'autant plus. Le fisc affamé et impitoyable s'en prenait de tout déficit aux curiales, ou magistrats municipaux.

Les empereurs, effrayés de cette désolation, essayèrent d'un moyen désespéré. Ils se hasardèrent à prononcer le mot de liberté. Gratien exhorta les provinces à former des assemblées; Honorius essaya d'organiser celles de la Gaule, il engagea, pria, menaça, prononça des amendes contre ceux qui ne s'y rendraient pas. Tout fut inutile, rien ne réveilla le peuple engourdi sous la pesanteur de ses maux. Déjà il avait tourné ses regards d'un autre côté. Il ne s'inquiétait plus d'un empereur impuissant pour le bien comme pour le mal. Il n'implorait plus que la mort, tout au moins la mort de l'Empire et l'invasion des barbares.

Viennent donc les barbares. La société antique est condamnée; le long ouvrage de la conquête, de l'esclavage, de la dépopulation, est près de son terme. Est-ce à dire pourtant que tout cela se soit accompli en vain, que cette dévorante Rome ne laisse rien sur le sol gaulois d'où elle va se retirer? Ce qui y reste d'elle est en effet immense; elle y laisse l'organisation, l'administration. Elle y a fondé la cité. Voilà pour l'ordre civil.

Mais à côté de cet ordre, un autre s'est établi, qui doit le recueillir et le sauver pendant l'invasion barbare. Partout, à côté de la magistrature romaine qui va s'éclipser, et délaisser la société en péril, la religion en a placé un autre qui ne lui manquera pas. Le titre romain de *defensor civitatis* va partout passer aux évêques. Dans la division des diocèses ecclésiastiques subsiste celle des diocèses impériaux. L'universalité impériale est détruite, mais l'universalité catholique apparaît, il est vrai, confuse et obscure. L'ordre de Saint-Benoît donne au monde ancien, usé par l'esclavage, le premier exemple du travail accompli par des mains libres. Cette grande innovation sera une des bases de l'existence moderne.

II

LA GAULE CHRÉTIENNE

Reprenons de plus haut l'histoire du christianisme gaulois.

La Gaule, déjà préparée par les doctrines druidiques, reçut avidement le christianisme; elle sembla le reconnaître et retrouver son bien. Nulle part il ne compta plus de martyrs. Le Grec d'Asie, saint Pothin, disciple du plus mystique des apôtres, fonda la mystique Église de Lyon, métropole religieuse des Gaules. Mais la nouvelle croyance se répandit plus lentement dans les campagnes. Au ive siècle encore, saint Martin trouvait à convertir des peuplades entières, et des temples païens à renverser.

L'Église gauloise ne s'honora pas moins par la science que par le zèle et la charité. Au iiie siècle, saint Irénée écrivit contre les gnostiques. Au ive, saint Hilaire de Poitiers soutint pour la consubstantialité du Fils et du Père, une lutte héroïque, et souffrit l'exil comme Athanase. Entre les Pères de l'Église gauloise, plaçons aussi l'archevêque de Milan, saint Ambroise, qui naquit à Trèves.

Jusque-là l'Église gauloise suit le mouvement de l'Église universelle; elle s'y associe. Mais à l'époque même où elle vient de donner à Rome l'empereur auvergnat Avitus, où l'Auvergne, sous les Ferréol et les Apollinaire, semble vouloir former une puissance indépendante entre les Goths déjà établis au Midi, et les Francs qui vont venir du Nord; à cette époque, dis-je, la Gaule réclame aussi une existence indépendante dans la sphère de la pensée.

L'homme qui essaya d'affranchir la volonté humaine de l'influence de la grâce divine, ne

nous est connu que par le surnom grec de
Pelagios (l'Armoricain, c'est-à-dire l'homme
des rivages de la mer). Son adversaire, saint
Jérôme, le représente comme un géant; il lui
attribue la taille, la force, les épaules de Milon
le Crotoniate. Il parlait avec peine, et pourtant
sa parole était puissante. Quelle que fût son
éloquence, Pélage, en niant le péché originel,
rendait la rédemption inutile et supprimait le
christianisme.

La doctrine pélagienne, accueillie d'abord
avec faveur, et même par le pape, fut bientôt
vaincue par saint Augustin. En vain elle fit
des concessions, et prit en Provence la forme
adoucie du semi-pélagianisme. Malgré la sainteté du Breton Faustus, évêque de Riez, malgré
le renom des évêques d'Arles, et la gloire de
cet illustre monastère de Lérins, qui donna à
l'Église douze archevêques, douze évêques, et
plus de cent martyrs, la doctrine de la grâce
triompha. A l'approche des barbares, les dis-
putes cessèrent, les écoles se fermèrent et se
turent. C'était de foi, de simplicité, de patience,
que le monde avait alors besoin.

*État politique, civil, religieux et intellectuel, de la Gaule à
la fin du* ive *siècle et au commencement du* v^e.

Division de la Gaule en dix-sept provinces. — Préfet du
prétoire; vicaire; recteurs; comtes; essais d'assemblées
nationales. — Régime municipal; curies, etc. — Civilisation de la Gaule sous l'administration impériale, durant
les trois premiers siècles. Au ive siècle, à l'approche des
barbares, le pouvoir, pressé par des dangers et des besoins
de toute espèce, foule chaque jour davantage les provinces; au ve, il les abandonne (402, Stilicon, pour arrêter Alaric, rappelle les légions des frontières. — Le préfet
abandonne Trèves pour se réfugier à Arles, etc.). L'Empire, en se retirant, laisse derrière lui dans la Gaule de
petites sociétés *urbaines*, mais non point un peuple ayant
une vie commune. La Gaule avait pris de bonne heure la
forme romaine. — Les villes prévalaient sur les campagnes. Dans les villes : 1° des familles sénatoriales, exemptes
d'impôts, mais sans force réelle; 2° des curiales sur qui
pèse tout le poids des charges municipales; 3° des marchands et artisans libres. qui, plus tard, formeront les
corporations de métiers du moyen âge; enfin des esclaves.
Ces petites sociétés conserveront du moins les traditions
du droit romain, l'esprit de la légalité et le souvenir d'un
temps où tous étaient égaux sous un maître. — Dans les
campagnes, les colons sont successivement remplacés par
des esclaves.

La dissolution est partout, excepté dans la société religieuse, qui organise chaque jour davantage sa hiérarchie.
Les évêques jouent aussi un rôle important dans la société civile. Ils sont légalement constitués *defensores* des
villes. (Voir ci-dessus l'état religieux.)

Activité intellectuelle. — Grandes écoles civiles à Bordeaux, Autun, Poitiers, Lyon, Arles, etc. On y enseigne
surtout la rhétorique et la grammaire. Au ive siècle, établissement de cours de droit et de philosophie. Mais les
professeurs, presque tous païens, se voient enlever leurs
élèves par le christianisme, qui, au ve siècle, commence à
fonder ses grands monastères du midi de la France, celui
de Saint-Faustin à Nîmes, en 422; vers le même temps,

ceux de Saint-Victor à Marseille, de Saint-Claude en Franche-Comté, et de Lyrins dans une des îles d'Hières.

Aux grands noms des pères et des écrivains de l'Église,
la littérature civile ne peut opposer que des grammairiens et des rhéteurs obscurs.

Pélage, iv° siècle.

Saint Ambroise, né à Trèves, 340.

Saint Paulin, né à Bordeaux, 353, mort en 431.

Saint Sulpice-Sévère, né à Toulouse, 355, mort en 420.

Cassien (fondateur de Lérins), Provençal, 360, mort en 440.

Saint Hilaire, mort en 368.

Évagrius, de la fin du iv° siècle.

Salvien, du commencement du v° siècle.

Saint Prosper d'Aquitaine, mort en 466.

Eutrope, chroniqueur vers 370.

Sulpice-Alexandre, historien, 400.

Ausone, né à Bordeaux, 309, mort en 394,
Arborius, son oncle, de Toulouse,
Rutilius-Numatianus, de Poitiers, écrit vers 416 } poètes.
Tétrade, poète satirique, mort en 399.

Les autres littérateurs sont : Agricius (Bordeaux), vers
350, grammairien ; Rabicus et Crispus, grammairiens (Bordeaux), un peu après 350 ; Ursulus et Harmonius à Trèves,
vers 370, grammairiens ; Claude Mamertin et son fils (Trèves), le dernier florissant vers 360, rhéteurs ; Nazarius à
Bordeaux, vers le même temps, rhéteur.

CHAPITRE III

I

MONDE GERMANIQUE. — INVASIONS

Les mœurs des premiers habitants de la Germanie n'étaient pas autres, ce semble, que celles de tant de nations barbares : l'hospitalité, la vengeance implacable, l'amour effréné du jeu et des boissons fermentées, la culture abandonnée aux femmes, tant d'autres traits, attribués aux Germains, comme leur étant propres, par des écrivains qui ne connaissaient guère d'autres barbares. Toutefois, il ne faudrait pas les confondre avec les pasteurs tartares, ou les chasseurs de l'Amérique. Les peuplades de la Germanie, plus rapprochées de la vie agricole, moins dispersées, et sur des espaces moins vastes, se présentent à nous avec des traits moins rudes; elles semblent moins sauvages que barbares, moins féroces que grossières.

A l'époque où Tacite prend la Germanie, les Cimbres et Teutons (Ingævons, Istævons), pâlissent et s'effacent à l'Occident; les Goths et les Lombards commencent à poindre vers l'Orient; l'avant-garde saxonne, les Angli, sont à peine nommés; la confédération francique n'est pas formée encore : c'est le règne des Suèves (Hermions).

Plus tard, les tribus suéviques reçurent une civilisation plus haute, un mouvement plus hardi, plus héroïque, par l'invasion des adorateurs d'Odin, des Goths (Jutes, Gépides, Lombards, Burgundes) et des Saxons. Quoique le système odinique fût loin sans doute d'avoir encore les développements qu'il prit plus tard, il apportait dès lors les éléments d'une vie plus noble, d'une moralité supérieure. Il promettait l'immortalité aux braves, un paradis, un walhalla, où ils pourraient tout le jour se tailler en pièces, et s'asseoir ensuite au banquet du soir.

Entre ces tribus il faut remarquer une différence essentielle. Chez les Goths, Lombards et Burgundes, prévalait l'autorité des chefs mili-

taires qui les menaient au combat, celle des
Amali, des Balti. L'esprit de la bande guerrière, du *comitatus,* aperçu déjà par Tacite
dans les premiers Germains, était tout-puissant
chez ces peuples. « A jamais infâme celui qui
survit à son chef, qui revient sans lui du combat. Le défendre, le couvrir de son corps, rapporter à sa gloire ce qu'on fait soi-même de
beau, voilà leur premier serment. Les princes
combattent pour la victoire, les compagnons
pour le prince... C'est au prince qu'ils demandent ce cheval de bataille, cette victorieuse et
sanglante framée. Sa table abondante et gros-
sière, voilà la solde. La guerre y fournit, et le
pillage. »

On sait l'occasion de la première migration
des barbares dans l'Empire. Jusqu'en 375, il
n'y avait eu que des incursions, des invasions
partielles. A cette époque, les Goths, fatigués
des courses de la cavalerie hunnique qui rendait toute culture impossible, obtinrent de
passer le Danube, comme soldats de l'Empire,
qu'ils voulaient défendre et cultiver. Convertis
au christianisme, ils étaient déjà un peu adou-
cis par le commerce des Romains. L'avidité des
agents impériaux les ayant jetés dans la famine

et le désespoir, ils ravagèrent les provinces entre la mer Noire et l'Adriatique; mais dans ces courses mêmes ils s'humanisèrent encore, et par les jouissances du luxe et par leur mélange avec les familles des vaincus. Achetés à tout prix par Théodose, ils lui gagnèrent deux fois l'empire d'Occident.

Les Francs avaient d'abord prévalu dans cet empire, comme les Goths dans l'autre. Leurs chefs, Mellobaud sous Gratien, Arbogast sous Valentinien II, puis sous le rhéteur Eugène qu'il revêtit de la pourpre, furent effectivement empereurs.

Au temps d'Honorius, la Gaule et l'Espagne redevinrent indépendantes sous le Breton Constantin. C'est ce qui décida la réconciliation d'Honorius et des Goths. Ataulph, frère d'Alaric, épousa Placidie, sœur d'Honorius, et son successeur Wallia établit ses bandes à Toulouse, comme milice fédérée au service de l'Empire. Les Goths s'étendirent peu à peu, et dans l'espace d'un demi-siècle, ils occupèrent toute l'Aquitaine et toute l'Espagne.

Depuis longtemps, au reste, les empereurs avaient à leur solde des barbares, qui, sous le titre d'hôtes, logeaient chez le Romain et mangeaient à sa table. L'établissement de ces nouveaux venus eut même d'abord un immense avantage, ce fut d'achever la désorganisation de la tyrannie impériale. Les agents du fisc se retirant peu à peu, le plus grand des maux de l'Empire cessa de lui-même. — Les Burgundes qui s'établirent à l'ouest du Jura (413), vers la même époque que les Goths dans l'Aquitaine (419), montrèrent peut-être encore plus de douceur.

Mais les barbares établis dans la Gaule ne restèrent pas longtemps tranquilles dans la possession des terres qu'ils avaient occupées. Ces mêmes Huns, qui autrefois avaient forcé les Goths de passer le Danube, entraînèrent les autres Germains demeurés en Germanie, et tous ensemble ils franchirent le Rhin.

Genséric avait appelé Attila contre les Goths de Toulouse. Selon un historien, peu grave, il est vrai, Attila eût été appelé aussi par son compatriote Aétius, général de l'Empire d'Occident, qui voulait détruire les Goths par les Huns et les Huns par les Goths.

Le passage d'Attila fut marqué par la ruine de Metz et d'une foule de villes. L'impression de ce terrible événement s'est conservée dans une multitude de légendes. Sainte Geneviève sauva Paris par ses prières. L'évêque Anianus défendit courageusement Orléans.

La bataille se livra à Châlons (451). Dans le récit du Goth Jornandès, toute la gloire est pour les Goths : ce n'est pas Aétius, mais Attila qui emploie la perfidie. Le roi des Huns n'en veut qu'au roi des Goths, Théodoric. Il emmène dans la Gaule toute la barbarie du Nord et de l'Orient. C'est une épouvantable bataille de tout le monde asiatique, romain, germanique. Il y reste près de trois cent mille morts. Attila, menacé de se voir forcé dans son camp, élève un immense bûcher formé de selles de chevaux, s'y place la torche à la main, tout prêt à y mettre le feu.

Attila s'éloignait, et l'Empire ne pouvait profiter de sa retraite. A qui devait rester la Gaule? Aux Goths et Burgundes, ce semble. Mais les Goths étaient ariens. Ces peuples ne pouvaient manquer d'envahir les contrées centrales, qui, telles que l'Auvergne, s'obstinaient à rester romaines. Détestés du clergé des Gaules, ils le soupçonnaient avec raison d'appeler les Francs.

II

LES FRANCS. — MÉROVINGIENS

En 254, sous Gallien, les Francs avaient
envahi la Gaule, et percé à travers l'Espagne
jusqu'en Mauritanie. En 277, Probus les battit
deux fois sur le Rhin, et en établit un grand
nombre sur les bords de la mer Noire. Ces
audacieux pirates, ennuyés de leur exil, s'em-
barquèrent pour aller revoir leur Rhin, pillant
sur la route les côtes de l'Asie, de la Grèce et
de la Sicile, et vinrent aborder dans la Frise
ou la Batavie. En 296, Constance transporta
dans la Gaule une colonie franque. En 358,
Julien repoussa les Chamaves au delà du Rhin,
et soumit les Saliens, etc. — Valentinien les
contint; sous Gratien, ils devinrent les auxiliaires de l'Empire.

Les Francs ne formaient pas un peuple, mais
une confédération plus ou moins nombreuse,
selon qu'elle était puissante; elle dut l'être au
temps de Mellobaud et d'Arbogast, à la fin du
IVe siècle. Alors les Francs avaient certainement des terres considérables dans l'Empire.

Des Germains de toute race composaient, sous le nom de Francs, les meilleurs corps des armées impériales, et la garde même de l'empereur.

Cette population flottante, entre la Germanie et l'Empire, se déclara généralement contre les autres barbares qui venaient derrière elle envahir la Gaule. Ils s'opposèrent en vain à la grande invasion des Bourguignons, Suèves et Vandales, en 406; beaucoup d'entre eux combattirent Attila. Tous les autres barbares à cette époque étaient ariens. Tous appartenaient à une race, à une nationalité distincte. Les Francs seuls, population mixte, semblaient être restés flottants sur la frontière, prêts à toute idée, à toute influence, à toute religion.

Grégoire de Tours parle bien modestement des premiers pas des Francs dans la Gaule.

« On rapporte qu'alors Chlogion, homme puissant et distingué dans son pays, fut roi des Francs; ils habitaient Dispargum, sur la frontière du pays des Thuringiens de Tongres. Les Romains occupaient aussi les pays qui s'étendent vers le Midi jusqu'à la Loire. Au delà de la Loire, le pays était aux Goths. Les Burgundes, attachés aussi à la secte des Ariens, habitaient au delà du Rhône qui coule auprès de la ville de Lyon. Chlogion, ayant envoyé des espions dans la ville de Cambrai, et ayant fait examiner tout le pays, défit les Romains et s'empara de cette ville. Après y être demeuré quelque temps, il conquit le pays jusqu'à la Somme. Quelques-uns prétendent que le roi Mérovée, qui eut pour fils Childéric, était né de sa race. »

Ce Childéric fut momentanément chassé par les siens, qui mirent à leur tête Egidius, chef des soldats de l'Empire, établi à Soissons, et que Grégoire de Tours appelle roi des Romains.

Le fils de Childéric (481), Clovis, ne commandait encore qu'à la petite tribu des Francs de Tournai, lorsqu'il défit le patrice romain Syagrius à Soissons (486), et s'empara de cette ville. Plus tard (496), plusieurs bandes suéviques, désignées sous le nom d'Allemands, menacèrent de passer le Rhin. Les Francs prirent les armes pour fermer le passage aux nouveaux venus.

En pareil cas, toutes les tribus [1] s'unissaient

1. Il y avait des Francs établis sous Ragnacaire à Cambrai, sous Sigebert à Cologne, à Terouane sous Cararic, au Mans sous un frère de Ragnacaire, etc.

sous le chef le plus brave; Clovis eut ainsi l'honneur de la victoire commune. Il embrassa en cette occasion le culte de la Gaule romaine. C'était celui de sa femme Clotilde, nièce du roi des Bourguignons. Il avait fait vœu, disait-il, pendant la bataille, d'adorer le Dieu de Clotilde, s'il était vainqueur; trois mille de ses guerriers l'imitèrent.

Ce fut une grande joie dans le clergé des Gaules, qui plaça dès lors dans les Francs l'espoir de sa délivrance. Saint Avitus, évêque de Vienne, et sujet des Bourguignons ariens, n'hésitait pas à lui écrire : « Quand tu combats, c'est à nous qu'est la victoire. » Ce mot fut commenté éloquemment par saint Rémi, au baptême de Clovis : « Sicambre, baisse docilement la tête; brûle ce que tu as adoré, et adore ce que tu as brûlé. » Ainsi l'Église prenait solennellement possession des barbares.

Cette union de Clovis avec le clergé des Gaules semblait devoir être fatale aux Bourguignons. Il avait déjà essayé de profiter d'une guerre entre les deux rois des Bourguignons, Godegisile et Gondebaud (500). Il avait pour prétexte contre celui-ci, et son arianisme et la mort du père de Clotilde que Gondebaud avait tué ; nul doute qu'il ne fût appelé par les évêques. Gondebaud s'humilia. Il amusa ses évêques par la promesse de se faire catholique. Il leur confia ses enfants à élever. Il accorda aux Romains une loi plus douce qu'aucun peuple barbare n'en avait encore accordée aux vaincus. Enfin il se soumit à payer un tribut aux Francs [1].

Alaric II, roi des Visigoths, partageant les mêmes craintes, voulut en vain gagner Clovis. Celui-ci le vainquit à Vouglé près Poitiers, s'avança jusqu'en Languedoc, et il aurait été plus loin si le grand Théodoric, roi des Ostrogoths d'Italie, et beau-père d'Alaric II, n'eût couvert la Provence et l'Espagne par une armée, et sauvé ce qui restait au fils enfant de ce prince qui, par sa mère, se trouvait son petit-fils (507).

Deux choses adoucirent les maux de l'invasion. D'une part l'unité de l'armée barbare fut assurée. Clovis fit périr tous les petits rois des Francs. D'autre part, il reconnut dans l'Église le droit le plus illimité d'asile et de protection.

1. Mais après le départ de Clovis, il se vengea de son frère. Godégisile, assiégé et pris dans Vienne, périt dans d'horribles supplices.

A une époque où la loi ne protégeait plus, c'était beaucoup de reconnaître le pouvoir d'un ordre qui prenait en main la tutelle et la garantie des vaincus [1].

1. L'invasion franque achève la dissolution de l'organisation romaine. — Les vaincus manquent de garantie, de sécurité, mais ce n'est plus l'oppression régularisée de la fiscalité impériale. Leur condition est peut-être même améliorée, car ils payent un tribut *en nature*, au lieu d'un tribut *en or*. — Bientôt le besoin d'une administration fait recourir aux vaincus (convives du roi), et dès la troisième génération l'influence romaine et ecclésiastique prévaut. Les évêques et les Gallo-Romains dirigent les rois autrefois *chefs de bandes*, maintenant *chefs d'un peuple* de propriétaires territoriaux.

Alleux, ou terres tirées au sort entre les conquérants (*sortes barbaricæ*, terres saliques). Indépendance absolue des propriétaires d'alleux, obligés seulement, comme hommes libres, au service militaire. La terre salique ne passe point aux filles. — *Bénéfices.* Les rois et les grands font de leurs domaines, comme en Germanie de leurs richesses mobilières, des dons à leurs compagnons (*comites, fideles*, leudes, antrustions); mais à certaines conditions qui maintiennent celui qui reçoit dans la dépendance du donateur. — Simultanéité des divers modes de concession; bénéfices révocables à volonté, temporaires (*precaria*), viagers, héréditaires, — tendance à l'hérédité (Traité d'Andelot, 585). — *Terres tributaires* (existaient avant l'invasion), ou terres payant un cens au fisc ou à un propriétaire particulier.

État des personnes. — *Leudes* (Francs et Gallo-Romains), demeurant près du roi, ou envoyés comme ducs (Herzog) et comtes sur les différents points du territoire; six cents sols de composition. — *Hommes libres* (ahrimanni, rachimburgi), indépendants sur leurs terres allodiales; la *recommandation* et les spoliations violentes en diminuent le nombre; deux cents sols de composition. — *Tributaires.* Ils deviendront peu à peu ou serfs ou bénéficiers. Qua-

A la mort de Clovis (511), ses quatre fils se trouvèrent tous rois, selon l'usage des barbares. Chacun d'eux resta à la tête d'une des

rante-cinq sols de composition. — Capitation (abolie par la reine Bathilde). — Serfs, etc.

Division du territoire en comtés et centuries. Comtes et centeniers convoquent une fois par moi le *mallum*, assemblée particulière des hommes libres d'un canton, où se rend la justice et se font les convocations militaires, les affranchissements, etc. — Les anciennes assemblées générales de la nation où résidait le gouvernement tout entier, plus rares après l'établissement territorial ne sont plus que des convocations militaires ou des réunions auprès du roi d'évêques et d'hommes puissants.

Législation. Caractères des lois barbares. — Législation purement pénale. — *Composition* (Wehrgeld), ou droit de racheter toute peine à prix d'argent. — *Conjuratores*. — Loi salique en 408 articles, rédigée en latin au viie siècle. C'est une simple énumération de coutumes plutôt que le code complet des Francs saliens. De bonne heure elle est remplacée par des coutumes locales. — Elle constate l'inégalité entre les vainqueurs et les vaincus en demandant six cents sols pour le meurtre d'un leude, trois cents pour celui d'un Romain convive du roi, etc. — Loi des Ripuaires rédigée dans sa forme actuelle sous Dagobert (628-38). Elle révèle un état de civilisation plus avancé. — Loi des Bourguignons (loi Gombette), rédigée de 468 à 534. Égalité entre le Bourguignon et le Romain. Le droit civil tient plus de place dans cette dernière législation, où l'on trouve d'assez nombreux emprunts faits aux lois romaines. On voit encore au ixe siècle des hommes vivant sous la loi des Bourguignons. — Loi des Visigoths, ou *Forum judicum*, rédigée de 466 à 701, importante surtout pour l'histoire d'Espagne. — Enfin, le droit romain qui continua à être suivi (en se modifiant toutefois), surtout dans le Midi de la France, pour la législation civile et le régime municipal.

Du vi^e au viiie siècle la littérature civile s'éteint, les écoles disparaissent. — Écoles épiscopales à Poitiers, Paris, lignes militaires que les campements des Francs avaient formées sur la Gaule. Theuderic résidait à Metz; ses guerriers furent établis dans la France orientale ou Ostrasie, et dans l'Auvergne. Clotaire résida à Soissons, Childebert à Paris, Clodomir à Orléans. Ces trois frères se partagèrent en outre les cités de l'Aquitaine.

Dans la réalité, ce ne fut pas la terre que l'on partagea, mais l'armée. Ce genre de partage ne pouvait être que fort inégal. Les guerriers barbares durent passer souvent d'un chef à un autre, et suivre en grand nombre celui dont le courage et l'habileté leur promettait plus de butin.

La rapide conquête de Clovis, dont on connaissait mal les causes, jetait tant d'éclat sur les Francs que la plupart des tribus barbares

Autun, Vienne, Bourges, etc. Mais ces écoles, d'abord florissantes, perdent elles-mêmes de leur éclat en approchant du vmᵉ siècle. — Le plus grand mouvement intellectuel de cette époque est marqué par l'arrivée de saint Columban dans les Gaules au vmᵉ siècle; sa réforme. Opposition des Bénédictins.

Du vᵉ au vmᵉ siècle, la littérature est presque tout entière dans les sermons et les légendes. — Saint Patient, vers 470; Sidoine Apollinaire, mort 488; Saint Ennodius, mort 521; saint Avitus, mort 525; saint Césaire, mort 542; saint Germain, mort 576; Grégoire de Tours, mort 595; saint Fortunat, vers 600; saint-Columban, 615; Marculf et Frédégaire, vers le milieu du vmᵉ siècle.

voulurent s'attacher à eux, comme autrefois celles qui suivirent Attila. Les races les plus ennemies de l'Allemagne, les Germains du Midi et ceux du Nord, les Suèves et les Saxons, se fédérèrent avec les Francs; les Bavarois en firent autant.

Les Thuringiens, au milieu de ces nations, résistèrent et furent accablés (530). Ainsi à l'orient, tout allait bien pour les Francs.

Au midi, le grand Théodoric leur enleva le Rouergue; mais Childebert, pour venger sa sœur Clotilde, outragée pour sa religion, par son époux Amalaric, attaqua celui-ci, et pilla Narbonne et plusieurs villes de la Septimanie.

Au sud-est enfin, Clodomir et Clotaire défirent les Bourguignons et jetèrent leur roi, saint Sigismond, dans un puits que l'on combla de pierres. Mais la victoire de Clodomir fut pour sa famille une cause de ruine; tué lui-même dans la bataille, il laissa ses enfants sans défense. Ils furent dépouillés, égorgés par leurs oncles.

Theuderic, qui n'avait pas pris part à l'expédition de Bourgogne (530-534), mena les siens en Auvergne. Cette province seule avait échappé jusque-là au ravage général de l'Occident; tributaire des Goths, puis des Francs, elle se gouvernait elle-même. Là comme ailleurs le clergé était généralement pour les Francs.

Le plus brave de ces Mérovingiens fut Theudebert, l'un des petits-fils de Clovis, chef des Ostrasiens, des Francs de l'est, de ceux qui se recrutaient incessamment de tous les barbares qui passaient le Rhin. C'était l'époque où les Grecs et les Goths se disputaient l'Italie (539). Les Francs massacrèrent indifféremment les uns et les autres, ils changèrent les plus belles villes de la Lombardie en un monceau de cendres, détruisirent toute provision, et se virent eux-mêmes affamés dans le désert qu'ils avaient fait, languissant sous le soleil du Midi, dans les champs noyés qui bordent le Pô. Un grand nombre y périt.

Ceux qui revinrent rapportèrent tant de butin qu'une nouvelle expédition partit peu après sous la conduite d'un Franc et d'un Suève; ils coururent l'Italie jusqu'à la Sicile, gâtèrent plus qu'ils ne gagnèrent; mais le climat fit justice de ces barbares. Theudebert était mort aussi dans la Gaule (547), au moment où il méditait de descendre la vallée du Danube, et d'envahir l'empire d'Orient. Justinien était pourtant son allié; il lui avait cédé tous les droits de l'Empire sur la Gaule du Midi.

La mort de Theudebert, et la désastreuse expédition d'Italie qui suivit de près, furent le terme des progrès des Francs. Les plus puissantes tribus germaniques échappèrent à leur alliance. Il était naturel que les Germains devinssent hostiles pour un peuple livré à l'influence romaine ecclésiastique.

Clotaire, seul roi de la Gaule (558-561), par la mort de ses frères et de ses neveux, laissait en mourant quatre fils. Sigebert eut les campements de l'est, ou, comme parlent les chroniqueurs, le royaume d'Ostrasie; il résida à Metz. Rapproché ainsi des tribus germaniques, il semblait devoir tôt ou tard prévaloir sur ses frères. Chilpéric eut la Neustrie, et fut appelé roi de Soissons. Gontran eut la Bourgogne; sa capitale fut Chalon-sur-Saône. Pour le bizarre royaume de Charibert qui réunissait Paris et l'Aquitaine; la mort de ce roi répartit ses États entre ses frères (567).

L'influence romaine fut plus forte encore sous ces princes. Nous les voyons généralement livrés à des ministres gaulois, goths ou romains. C'est à ces Romains qu'il faut désormais attri-

buer en grande partie ce qui se fait de bien et
de mal sous les rois des Francs. C'est à eux
qu'on doit rapporter la fiscalité renaissante;
nous les voyons figurer dans la guerre même,
et souvent avec éclat; ainsi le patrice Mum-
mole, qui, en 572, délivra la Bourgogne des
ravages des Saxons et des Lombards.

Les grands noms, les noms populaires de
cette époque, ceux qui sont restés dans la
mémoire des hommes, sont ceux des reines et
non des rois; ceux de Frédégonde et de Brunehaut. La seconde, fille du roi des Goths d'Espagne, fut appelée par son mariage avec Sigebert, dans la sauvage Ostrasie, dans cette
Germanie gauloise, théâtre d'une invasion éternelle. Frédégonde, au contraire, génie tout
barbare, s'empara de l'esprit du pauvre roi de
Neustrie, roi grammairien et théologien, qui
dut aux crimes de sa femme le nom de Néron
de la France. Frédégonde avait pris la place
de la seconde épouse de Chilpéric, de la sœur
de Brunehaut, Galeswinthe, qu'elle avait fait
étrangler dans son lit.

L'époux de Brunehaut, Sigebert, roi d'Ostrasie, appela les Germains. Chilpéric ne put
tenir contre ces bandes; elles se répandirent

jusqu'à Paris, incendiant tout village, emmenant tout homme en captivité. Sigebert était
parvenu à resserrer Chilpéric dans Tournai, il
se croyait roi de Neustrie, et déjà se faisait
élever sur le pavois, lorsque deux hommes de
Frédégonde, armés de couteaux empoisonnés,
sortent de la foule et le poignardent (575). Brunehaut, de victorieuse, de toute-puissante qu'elle
était, devint captive de Chilpéric et Frédégonde,
qui lui laissèrent pourtant la vie. Elle trouva
ensuite le moyen d'échapper, grâce à l'amour
qu'elle avait inspiré à Mérovée, fils de Chilpéric. Le malheureux fut aveuglé par sa passion
au point d'épouser Brunehaut. Son père le fit
tuer. Chilpéric lui-même périt peu après (584),
assassiné selon les uns par un amant de Frédégonde, selon d'autres par les émissaires de
Brunehaut, qui aurait voulu venger ses deux
époux, Sigebert et Mérovée.

La veuve de Chilpéric, son fils enfant, et
l'Église, et tous les ennemis de l'Ostrasie et des
barbares, se tournèrent vers le roi de Bourgogne, le *bon* Gontran. Il se déclara le protecteur de Frédégonde et de son fils Clotaire II.
Lui seul pouvait défendre la Bourgogne et la
Neustrie contre l'Ostrasie, la Gaule contre la

Germanie, l'Église, la civilisation, contre les barbares. L'évêque de Tours, l'historien Grégoire, se déclara hautement pour Gontran.

Pour les hommes du Midi, Aquitains et Provençaux, ils crurent que, dans l'affaiblissement de la famille mérovingienne, représentée par un vieillard et deux enfants, ils pourraient se faire un roi qui dépendrait d'eux. Ils appelèrent de Constantinople un Gondovald qui se disait issu du sang des rois francs. Les grands du Midi l'accueillirent, et sous leur conduite il fit de rapides progrès. Il se vit bientôt maître de Toulouse, de Bordeaux, de Périgueux, d'Angoulême.

La défection du parti romain ecclésiastique, dont Gontran s'était cru si sûr, l'obligea de se rapprocher des Ostrasiens : il adopta son neveu Childebert, le nomma son héritier, et lui rendit tout ce qu'il réclamait. La réconciliation des rois de Bourgogne et d'Ostrasie découragea le parti de Gondovald. Les Aquitains montrèrent autant d'empressement à l'abandonner qu'ils en avaient mis à l'accueillir. Il fut obligé de s'enfermer dans la ville de Comminges, avec les grands qui s'étaient le plus compromis. Ceux-ci épiaient le moment de livrer le malheureux, et de faire leur paix à ses dépens. L'un deux n'attendit pas même l'occasion; il s'enfuit avec les trésors de Gondovald. Mummode le livra lui-même à ses ennemis qui le tuèrent à coups de lance. Alors (585) fut conclu entre les deux rois de Bourgogne et d'Ostrasie le traité d'Andelot [1]. Gontran mourut peu de temps après (593).

Cet événement qui ouvrit la Bourgogne au roi d'Ostrasie, semblait par suite lui livrer encore la Neustrie. Elle résista cependant; les Ostrasiens l'ayant envahie, s'étonnèrent de voir une forêt mobile s'avancer contre eux; c'était l'armée neustrienne qui s'était chargée de branchages; ils s'enfuirent. Ce fut le dernier

1. Par ce traité, Gontran et Childebert se promettent réciproquement de garantir à leurs femmes, enfants, etc., la tranquille possession de leurs terres et revenus, avec pouvoir de donner à qui ils voudront quelque partie de ces terres et revenus; ils ajoutent que ce don « firà stabilitate in perpetuo conservetur ». Ils disent encore : Quidquid antefati reges ecclesiis aut fidelibus suis contulerint... stabiliter conservetur. (Capitut. reg. Franc. Baluze, t. I, p. 13, 14, ed. 1677, in-f°.) — Ce traité n'est point, comme on l'a prétendu, la charte qui proclame l'hérédité des bénéfices. Cette hérédité n'est encore, à la fin du VI° siècle, qu'un usage qui commence à se répandre, mais qui n'est point encore assez général pour qu'on le reconnaisse d'une manière distincte, et que la loi l'énonce en termes précis. — Stabiliter conservetur.

succès de Frédégonde et de Landeric, son amant, qu'elle avait, disait-on, donné pour remplaçant à Chilpéric. Elle mourut peu de temps après,

Childebert était mort avant elle. Toute la Gaule se trouva dans les mains de trois enfants, les deux fils de Childebert, appelés Theudebert II, et Theuderic II, et Clotaire II, fils de Chilpéric. Celui-ci était bien faible contre les deux autres. Il fut contraint de céder aux Bourguignons ce qui était entre la Seine et la Loire, aux Ostrasiens les pays entre la Seine, l'Oise et l'Ostrasie. Mais les dissensions des vainqueurs devaient bientôt lui rendre plus qu'il n'avait perdu.

La vieille Brunehaut avait cru régner sous Theudebert, son petit-fils, en le dégradant par les plaisirs. Elle n'y réussit que trop bien. Le prince imbécile fut bientôt gouverné par une jeune esclave qui chassa Brunehaut. Réfugiée près de Theuderic, en Bourgogne, dans un pays livré à l'influence romaine, elle y eut plus d'ascendant. Elle fit et défit les maires du palais. Theuderic, armé par elle contre son frère, le battit deux fois à Toul et à Tolbiac. Une chronique rapporte que Brunehaut, aïeule du vaincu, le fit d'abord ordonner prêtre, et qu'ensuite elle le fit périr.

Mais bientôt tout abandonna Brunehaut (615). Les grands d'Ostrasie la haïssaient comme appartenant aux Goths, aux Romains (ces deux mots étaient presque synonymes); les prêtres et le peuple avaient en horreur la persécutrice des saints (saint Didier et saint Colomban). La mort de Theuderic la livrait sans défense au roi de Neustrie; jusque-là ennemie de l'influence germanique, elle fut obligée de s'appuyer contre Clotaire du secours des Germains, des barbares. Déjà l'évêque de Metz, Arnulph, et son frère Pépin (Pipin), passèrent à Clotaire avant la bataille; les autres se firent battre, et furent mollement poursuivis par Clotaire. Ils étaient gagnés d'avance. Le maire Warnachaire avait stipulé qu'il conserverait la mairie pendant sa vie. La vieille Brunehaut, fille, sœur, mère, aïeule de tant de rois, fut traitée avec une atroce barbarie; on la lia par les cheveux, par un pied et par un bras, à la queue d'un cheval indompté qui la mit en pièces. On lui reprocha la mort de dix rois; on lui compta par-dessus ses crimes, ceux de Frédégonde.

Le plus grand sans doute aux yeux des barbares, c'était d'avoir restauré sous quelque rapport l'administration impériale. La fiscalité, les formes juridiques, la prééminence de l'astuce sur la force : voilà ce qui rendait le monde irréconciliable à l'idée de l'ancien Empire que les rois goths avaient essayé de relever. Leur fille Brunehaut avait suivi leurs traces. Elle avait fondé une foule d'églises, de monastères ; les monastères alors étaient des écoles. Elle avait favorisé les missions que le pape envoyait chez les Anglo-Saxons de la Grande-Bretagne. L'emploi de cet argent, arraché au peuple par tant d'odieux moyens, ne fut pas sans gloire et sans grandeur. Telle fut l'impression du long règne de Brunehaut que celle de l'Empire semble en avoir été affaiblie dans le nord des Gaules ; le peuple fit honneur à la fameuse reine d'Ostrasie d'une foule de monuments romains.

La victoire de la Neustrie fut celle de la faiblesse sur la force, celle des Gaulois-Romains et des prêtres. L'année même qui suit, les évêques commencent à siéger dans l'assemblée des leudes. Ils y viennent de toute la Gaule au nombre de soixante-dix-neuf. C'est l'intronisation de l'Église. Les deux aristocraties, laïque et ecclésiastique, dressent une *constitution perpétuelle.*

Plusieurs articles d'une remarquable libéralité indiquent la main ecclésiastique : défense aux juges de condamner, sans l'entendre, un homme libre, ou même un esclave. Quiconque viole la paix publique doit être puni de mort. L'élection des évêques est assurée au peuple. Les évêques sont les seuls juges des ecclésiastiques. Les tributs établis depuis Chilpéric et ses frères sont abolis.

Ainsi commence avec Clotaire II cette domination de l'Église qui ne fit que se consolider sous les Carlovingiens, et qui n'eut d'autre entr'acte que la tyrannie de Charles Martel.

Nous savons peu de chose de Clotaire II, davantage de Dagobert. Entouré de ministres romains, de l'orfèvre saint Éloi et du référendaire saint Ouen, il s'occupe de fonder des couvents, fait fabriquer des ornements d'église. Ses scribes écrivent pour la première fois les lois barbares. C'est le Salomon des Francs.

Sous son règne (628-638) se révèle pourtant la faiblesse de la Neustrie. Dès le vivant de Clotaire, l'Ostrasie a repris les provinces qui lui avaient été enlevées ; elle a exigé un roi particulier. Déjà Clotaire II a remis le tribut aux Lombards pour une somme une fois payée. Les Saxons, défaits, dit-on, par les Francs, se dispensent néanmoins de livrer à Dagobert les cinq cents vaches qu'ils donnaient jusque-là tous les ans. Les Vendes, affranchis des Avares par le Franc Samo, marchand guerrier qu'ils prirent pour chef, repoussent le joug de Dagobert, et défont les Francs, les Bavarois et les Lombards, unis contre eux. Les Avares, fugitifs eux-mêmes, s'établissent de force en Bavière, et Dagobert ne s'en défait que par une perfidie. Quant à la soumission des Bretons et des Gascons, elle semble volontaire : ils rendent hommage moins aux guerriers qu'aux prêtres, et le duc des Bretons, saint Judicaël, refuse de manger à la table du roi pour prendre place à celle de saint Ouen.

La dissolution définitive semble commencer avec la mort de Dagobert. Les grands entreprirent, inutilement d'abord, il est vrai, de renverser la dynastie mérovingienne. Celle des Carlovingiens apparaît déjà dans l'histoire. Pépin est maire d'Ostrasie, puis son fils Grimoald ; et celui-ci, à la mort de Sigebert, essaye en vain de faire roi un de ses propres enfants.

Les trois royaumes furent réunis encore sous Clovis II (650), ou plutôt sous Erchinoald, maire du palais de Neustrie. Pendant la minorité des trois fils de Clovis, le même Erchinoald, puis le fameux Ébroin, remplirent la même charge, s'appuyant du nom et de la sainteté de Bathilde, veuve du dernier roi. C'était une esclave saxonne que Clovis avait faite reine.

On s'est souvent demandé quelle était précisément cette charge des *maires du palais*, et plusieurs en ont fait un magistrat populaire, institué pour la protection des hommes libres. Nul doute que le maire n'ait fini par être élu, et même de bonne heure, aux époques de minorité ou d'affaiblissement du pouvoir royal. Mais aussi nul doute qu'il n'ait été primitivement choisi par le roi, au moins jusqu'à Dagobert. Le *plus grand* du palais (*major*), devint le premier des leudes, leur chef dans la guerre, leur juge dans la paix. Or, à une époque où les hommes libres avaient intérêt à être sous la protection royale, *in truste regiâ*, à devenir antrustions et leudes, le juge des leudes dut peu à peu se trouver le juge du peuple.

Le maire Ébroin (660-680) voulut raffermir

la royauté, quand les grands se fortifiaient de toutes parts. L'Ostrasie lui échappa d'abord; elle exigea un roi, un maire, un gouvernement particulier. Puis les grands d'Ostrasie et de Bourgogne, entre autres saint Léger, évêque d'Autun, neveu de l'évêque de Poitiers (tous deux étaient amis des Pépins), marchent contre Ébroin au nom du jeune Childéric II, roi d'Ostrasie. Ébroin, abandonné des grands neustriens, est enfermé au monastère de Luxeuil. Saint Léger, qui avait contribué à la révolution, n'en profita guère, Childéric le fit enfermer avec Ébroin.

Cependant Childéric rompit bientôt avec les grands. Dans un accès de fureur, il fit battre de verges un d'entre eux nommé Bodilo. Ce châtiment servile les irrita tous. Childéric II fut assassiné dans la forêt de Chelles; les assassins n'épargnèrent pas même sa femme enceinte et son fils enfant.

Ébroin et saint Léger sortirent de Luxeuil, réconciliés en apparence, mais ils se séparèrent bientôt. Les hommes libres d'Ostrasie avaient mis sur le trône un fils de Dagobert Ier; ils ramenèrent Ébroin triomphant en Neustrie : il fit tuer saint Léger comme complice du meurtre de Childéric II. Par représailles les deux Pépin et Martin, petits-fils d'Arnulf, évêque de Metz, et neveux de Grimoald, firent condamner par un conseil et poignarder Dagobert II, le roi des hommes libres, c'est-à-dire du parti allié d'Ébroin. Ébroin vengea Dagobert comme il avait vengé Childéric II. Il attira Martin à une conférence et l'y fit assassiner. Lui-même fut tué peu après par un noble franc qu'il avait menacé de la mort.

Cet homme remarquable avait, comme Frédégonde, défendu avec succès la France de l'ouest, et retardé vingt années le triomphe des grands ostrasiens. Sa mort leur livra la Neustrie. Ses successeurs furent défaits par Pépin à Testry, entre Saint-Quentin et Péronne (687).

Cette victoire des grands sur le parti populaire, de la Gaule germanique sur la Gaule romaine, ne sembla pas d'abord entraîner un changement de dynastie. Pépin adopta le roi même au nom duquel Ébroin et ses successeurs avaient combattu. On peut cependant considérer la bataille de Testry comme la chute de la famille de Clovis. Peu importe que cette famille traîne encore le titre de roi dans l'obscurité de quelque monastère.

Cette race dégénérée est désormais frappée d'impuissance. Des quatre fils de Clovis, un seul, Clotaire, laisse postérité. Des quatre fils de Clotaire, un seul a des enfants. Ceux qui suivent, meurent presque tous adolescents. Il semble que ce soit une espèce d'hommes particulière. Tout Mérovingien est père à quinze ans, caduc à trente. La plupart n'atteignent pas cet âge.

CHAPITRE IV

La tige de la famille carlovingienne est l'évêque de Metz, Arnulf, qui a son fils Chlodulf pour successeur dans cet évêché. Le frère d'Arnulf est abbé de Bobbio; son petit-fils est saint Wandrille. Toute cette famille est étroitement unie avec saint Léger. Le frère de Pépin le Bref, Carloman, se fait moine au mont Cassin; ses autres frères sont archevêque de Rouen, abbé de Saint-Denis. Les cousins de Charlemagne, Adalhard, Wala, Bernard, sont moines. Un frère de Louis le Débonnaire, Drogon, est évêque de Metz, trois autres de ses frères sont moines ou clercs. Le grand saint du Midi, saint Guillaume de Toulouse, est cousin et tuteur du fils de Charlemagne. Arnulf était né, dit-on, d'un père aquitain et d'une mère suève.

Cette maison épiscopale de Metz réunissait deux avantages qui devaient lui assurer la royauté. D'une part, elle tenait étroitement à l'Église; de l'autre, elle était établie dans la contrée la plus germanique de la Gaule. Tout d'ailleurs la favorisait. La royauté était réduite à rien, les hommes libres diminuaient chaque jour. Les grands seuls, leudes et évêques, se fortifiaient et s'affermissaient. Le pouvoir devait passer à celui qui réunirait les caractères de grand propriétaire et de chef des leudes.

La bataille de Testry, cette victoire des grands sur l'autorité royale, ou du moins sur le nom du roi, ne fit qu'achever, légitimer la dissolution. Pépin avait vainement essayé de rétablir l'unité. Ce fut bien pis à sa mort; son successeur dans la mairie fut son petit-fils Théobald, sous sa veuve Plectrude. Le roi Dagobert III, encore enfant, se trouva soumis à un maire enfant, et tous deux à une femme. Les Neustriens s'affranchirent sans peine. Ce fut à qui attaquerait l'Ostrasie ainsi désarmée : les Frisons, les Neustriens la ravagèrent, les

4.

Saxons coururent toutes ses possessions en Allemagne. Les Ostrasiens, foulés par toutes les nations, laissèrent là Plectrude et son fils. Ils tirèrent de prison un vaillant bâtard de Pépin, Carl, surnommé Marteau (715). Pépin n'avait rien laissé à celui-ci. C'était une branche maudite, odieuse à l'Église, souillée du sang d'un martyr (saint Lambert). Charles se signala comme ennemi de l'Église. D'abord les Neustriens, battus par lui à Vincy près de Cambrai, appelèrent à leur aide les Aquitains, qui, depuis la dissolution de l'empire des Francs, formaient une puissance redoutable. Mais les Aquitains avaient un ennemi derrière eux. Les Sarrasins, maîtres de l'Espagne, s'étaient emparés du Languedoc. Le duc d'Aquitaine, Eudes, défait par eux, s'adressa aux Francs eux-mêmes : la bataille se livra près de Poitiers, entre les rapides cavaliers de l'Afrique et les lourds bataillons des Francs (732).

Cette rencontre solennelle des hommes du Nord et du Midi a frappé l'imagination des chroniqueurs de l'époque; ils ont supposé que ce choc de deux races n'avait pu avoir lieu qu'avec un immense massacre.

Charles-Martel poussa jusqu'en Languedoc,

il assiégea inutilement Narbonne, entra dans
Nîmes, et essaya de brûler les Arènes qu'on
avait changées en forteresse. On distingue
encore sur les murs la trace de l'incendie. Dans
une nouvelle expédition (739), il chassa les
Sarrasins de tous les lieux forts qu'ils occupaient en Provence.

Mais ce n'est pas du côté du Midi qu'il dut
avoir le plus d'affaires; l'invasion germanique
était bien plus à craindre que celle des Sarrasins. Ceux-ci étaient fixés dans l'Espagne, et
bientôt leurs divisions les y retinrent. Mais les
Frisons, les Saxons, les Allemands, étaient
toujours appelés vers le Rhin par la richesse
de la Gaule et par le souvenir de leurs
anciennes invasions; ce ne fut que par une
longue suite d'expéditions que Charles-Martel
parvint à les refouler. Il lui était facile d'attirer
à lui des guerriers auxquels il distribuait les
dépouilles des évêques et des abbés de la Neustrie et de la Bourgogne. Pour employer les
Germains contre les Germains leurs frères, il
fallut les faire chrétiens. C'est ce qui explique
comment Charles devint vers la fin l'ami des
papes et leur soutien contre les Lombards : les
missions pontificales créèrent dans la Germanie

une population chrétienne amie des Francs.

L'instrument de cette grande évolution fut saint Boniface, l'apôtre de l'Allemagne. Il éleva sur le Rhin la métropole du christianisme allemand, l'église de Mayence, l'église de l'Empire, et plus loin, Cologne, l'église des reliques, la cité sainte des Pays-Bas. La jeune école de Fulde, fondée par lui au plus profond de la barbarie germanique, devint la lumière de l'Occident, et enseigna ses maîtres. Après avoir fondé neuf évêchés et tant de monastères, au comble de sa gloire, à l'âge de soixante-treize ans, il résigna l'archevêché de Mayence à son disciple Lulle, et retourna simple missionnaire dans les bois et les marais de la Frise païenne, où il avait, quarante ans auparavant, prêché la première fois. Il y trouva le martyre. C'est par lui que les Francs d'Ostrasie, dont il traversa tant de fois le pays dans ses héroïques missions, s'entendirent avec Rome, avec les tribus germaniques; c'est lui qui, par la religion et la civilisation, attacha au sol ces tribus mobiles, et ouvrit à son insu la route aux armées de Charlemagne.

CHAPITRE V

I

PÉPIN LE BREF

A la mort de Charles-Martel (741), ses deux fils, Carloman et Pépin, maires d'Ostrasie et de Neustrie, dépouillèrent leur troisième frère Grippon; puis, après quelques succès contre les Bavarois et les Allemands, Carloman se retira au mont Cassin (747), et Pépin resta seul maire.

C'était le bien-aimé de l'Église. Il réparait les spoliations de Charles-Martel, s'occupait, avec le consentement des évêques, de réformer les mœurs du clergé (conciles de Leptines et de Soissons, 745); enfin il était l'unique appui du pape contre les Lombards. Tout cela l'enhardit à faire cesser la longue comédie que jouaient les maires du palais, depuis la mort de Dagobert, et à prendre pour lui-même le titre de roi.

Il y avait près de cent ans que les Mérovingiens, enfermés dans leur villa de Maumagne ou dans quelque monastère, conservaient une vaine ombre de la royauté. Ce n'était guère qu'au printemps, à l'ouverture du Champ de Mars, qu'on tirait l'idole de son sanctuaire, qu'on montrait au peuple son roi. Silencieux et grave, ce roi chevelu, barbu (c'était, quel que fût l'âge du prince, les insignes obligés de la royauté), paraissait lentement traîné sur le char germanique, attelé de bœufs.

A l'avènement de la nouvelle dynastie, les ennemis des Francs se trouvaient être partout ceux de l'Église, Saxons païens, Lombards persécuteurs du pape, Aquitains spoliateurs des biens ecclésiastiques.

La grande guerre de Pépin fut contre l'Aquitaine. Il ne fit qu'une campagne en Saxe (752), obtenant la liberté de prédication pour les missionnaires, et laissant faire au temps. Deux campagnes suffirent contre les Lombards; le pape Étienne était venu lui-même implorer le secours des Francs. Pépin força les Alpes, força

Pavie, et exigea du Lombard Astolph qu'il rendît, non pas à l'Empire grec, mais à saint Pierre et au pape, les villes de Ravenne, de l'Émilie, de la Pentapole et du duché de Rome (754-755).

Ce fut une bien autre guerre que celle d'Aquitaine : un mot en expliquera la durée. Ce pays, adossé aux Pyrénées occidentales, qu'occupaient et qu'occupent encore les anciens Ibériens, Vasques, Guasques ou Basques (Eusken), recrutait incessamment sa population parmi ces montagnards. Ainsi, au viie siècle, dans la dissolution de l'empire des Francs, l'Aquitaine se trouva renouvelée par les Vasques, comme l'Ostrasie par les nouvelles immigrations germaniques. Des deux côtés, le nom suivit le peuple, et s'étendit avec lui; le Nord s'appela la *France*, le Midi la Vasconia, la *Gascogne*. Celle-ci avança jusqu'à l'Adour, jusqu'à la Garonne, un instant jusqu'à la Loire.

Le duc Eudes se crut un instant roi de toutes les Gaules; maître de l'Aquitaine, maître de la Neustrie au nom du roi Chilpéric II qu'il avait dans ses mains. Mais il fut battu par Charles-Martel, et la crainte des Sarrasins qui le menaçaient par derrière, le décida à lui livrer Chilpéric. Vainqueur des Sarrasins devant Toulouse, mais alors menacé par les Francs, il traita avec les infidèles.

L'émir Munuza, qui s'était rendu indépendant au nord de l'Espagne, se trouvait à l'égard des lieutenants du calife dans la même position qu'Eudes par rapport à Charles-Martel. Eudes s'unit à l'émir et lui donna sa fille. Cette alliance politique et impie tourna fort mal. Munuza fut resserré dans une forteresse par Abderahman, lieutenant du calife, et n'évita la captivité que par la mort. Les Arabes franchirent les Pyrénées; Eudes, battu comme son gendre, fut obligé d'appeler Charles-Martel qui, comme nous l'avons vu, l'aida à les repousser à Poitiers (732).

L'Aquitaine, convaincue d'impuissance, se trouva dans une sorte de dépendance à l'égard des Francs. Le fils d'Eudes, Hunald, ne put s'y résigner. Il commença contre Pépin le Bref et Carloman (741), une lutte désespérée à laquelle il entreprit d'intéresser tous les ennemis déclarés ou secrets des Francs; il alla jusqu'en Saxe, en Bavière, chercher des alliés. Les Francs brûlèrent le Berri, tournèrent l'Auvergne, rejetèrent Hunald derrière la Loire, et furent rappelés par les incursions des Saxons et des Allemands. Hunald passa la Loire à son tour; mais il fut trahi par son frère, auquel il fit crever les yeux. Son fils Guaifer (745) trouva un auxiliaire dans Grippon, jeune frère de Pépin, comme l'épin en avait trouvé un dans le frère d'Hunald.

La guerre du Midi ne recommença sérieusement qu'en 752, lorsque Pépin eut vaincu les Lombards. C'était l'époque où le califat venait de se diviser. Alfonse le Catholique, retranché dans les Asturies, y relevait la monarchie des Goths. Ceux de la Septimanie (le Languedoc, moins Toulouse), s'agitèrent pour recouvrer aussi leur indépendance. Ansemond, seigneur de Nîmes, Maguelonne, Agde et Béziers, se déclara volontairement sujet de Pépin. En retour, il aida à reprendre Narbonne sur les Sarrasins (759); il y avait quarante ans qu'ils l'occupaient. Maître de ce pays, Pépin envoya des députés à Guaifer, prince d'Aquitaine, pour lui demander de rendre aux églises de son royaume les biens qu'elles possédaient en Aquitaine. Guaifer rejeta sa demande avec dédain.

Plusieurs fois les Aquitains et Basques, dans

des courses hardies, pénétrèrent jusqu'à Autun,
jusqu'à Châlons. Mais les Francs, mieux orga-
nisés et s'avançant par grandes masses, firent
bien plus de mal à leurs ennemis. Ils brûlèrent
tout le Berry, l'Auvergne, le Limousin, le Quercy,
coupant les vignes qui faisaient la richesse de
l'Aquitaine. Guaifer, voyant que le roi des
Francs avait pris Clermont, Bourges, et les
principales villes de l'Aquitaine, désespéra de
lui résister désormais, et fit abattre les murs
de toutes ses villes. Il périt peu après assassiné
par les siens.

II

CHARLEMAGNE

Charles, fils et successeur de Pépin le Bref
(768), se trouva bientôt seul maître de l'Empire par la mort de son frère Carloman (771).
Les deux frères avaient étouffé sans peine la
guerre qui se rallumait en Aquitaine. Le vieil
Hunald, sorti d'un couvent où il s'était retiré
depuis vingt-trois ans, essaya en vain de venger
son fils et d'affranchir son pays. Il fut livré

lui-même par un fils de ce frère auquel il avait fait jadis crever les yeux.

Cet homme indomptable ne céda pas encore, il parvint à se retirer en Italie chez Didier, roi des Lombards. Didier, à qui Charles, son gendre, avait outrageusement renvoyé sa fille, soutenait par représailles les fils de Carloman réfugiés auprès de lui, et menaçait de faire valoir leurs droits. Le roi des Francs passa en Italie, et assiégea Pavie et Vérone. Dans la première s'était jeté Hunald, qui empêcha les habitants de se rendre jusqu'à ce qu'ils l'eussent lapidé. Le fils de Didier se réfugia à Constantinople, et les Lombards ne conservèrent que le duché de Bénévent. C'était la partie centrale du royaume de Naples; les Grecs avaient les ports. Charles prit le titre de roi des Lombards (774). Il confirma et augmenta la dotation de Pépin.

Mais les guerres d'Italie, la chute même du royaume des Lombards, ne furent qu'épisodiques dans les règnes de Pépin et de Charlemagne. La grande guerre du premier avait été contre les Aquitains; celle de Charles fut contre les Saxons.

Ces tribus, fières et libres, s'attachèrent à leurs vieilles croyances par la haine et la jalousie que les Francs leur inspiraient. Les missionnaires, dont on les fatiguait, eurent l'imprudence de les menacer des armes du grand Empire. Les Saxons brûlèrent l'église que les Francs avaient construite à Daventer.

Ceux-ci, qui peut-être souhaitaient un prétexte pour brusquer par les armes la conversion de leurs voisins barbares, marchèrent droit au sanctuaire des Saxons, au lieu où se trouvait la principale idole. Ils brisèrent l'Herman-saül, ce mystérieux symbole, où l'on pouvait voir l'image du monde ou de la patrie, d'un dieu ou d'un héros. Les Saxons, surpris dans leurs forêts, donnèrent douze ôtages, un par tribu. Mais ils se ravisèrent bientôt, et ravagèrent la Hesse. On ne pouvait les contenir qu'en restant près d'eux. Aussi Charles fixa sa résidence sur le Rhin, à Aix-la-Chapelle, dont il aimait d'ailleurs les eaux thermales et bâtit dans la Saxe même le château d'Ehresbourg.

En 772, il alla prendre Pavie aux Lombards.

En 775, il passa le Weser. Les Saxons Angariens se soumirent, ainsi qu'une partie des Westphaliens. L'hiver fut employé à châtier les ducs lombards, de Frioul, de Benevent, de Spolète et de Clusium, qui rappelaient le fils de Didier. Au printemps, l'assemblée, ou concile de Worms, jura de poursuivre la guerre jusqu'à ce que les Saxons se fussent convertis. Charles pénétra jusqu'aux sources de la Lippe et y bâtit un fort. Les Saxons paraissaient soumis. Charlemagne croyait tout fini, et baptisait les Saxons par milliers à Paderborn, lorsque le chef westphalien Witikind revient avec ses guerriers réfugiés dans le Nord, avec ceux mêmes du Nord, qui pour la première fois apparaissent en face des Francs.

C'était précisément l'année 778 où les armes de Charlemagne recevaient un échec mémorable à Roncevaux dans les Pyrénées. L'affaiblissement des Sarrasins, l'amitié des petits rois chrétiens, les prières des émirs révoltés du nord de l'Espagne qui étaient venus jusqu'à Paderborn solliciter Charlemagne, avaient favorisé les progrès des Francs; ils avaient poussé jusqu'à l'Èbre, et appelaient leurs campements en Espagne une nouvelle province, sous les noms de marche de Gascogne et marche de Gothie. Au retour, les Francs, attaqués dans les Pyrénées par les montagnards, ne se tirèrent pas sans peine de ces passages difficiles. La défaite de Roncevaux ne fut, assure-t-on, qu'une affaire d'arrière-garde : cependant Éginhard avoue que les Francs y perdirent beaucoup de monde, entre autres plusieurs de leurs chefs les plus distingués, et le fameux Roland.

L'année suivante (779) fut plus glorieuse pour le roi des Francs; il entra chez les Saxons encore soulevés, les trouva réunis à Buckholz, et les y défit. Parvenu ainsi sur l'Elbe, limite des Saxons et des Slaves, il s'occupa d'établir l'ordre dans le pays qu'il croyait avoir conquis; il reçut de nouveau les serments des Saxons à Ohrheim, les baptisa par milliers, et chargea l'abbé de Fulde d'établir un système régulier de conversion, de conquête religieuse.

Une armée de prêtres vint après l'armée des soldats. Tout le pays, disent les chroniques, fut partagé entre les abbés et les évêques. Huit grands et puissants évêchés furent successivement créés : Minden et Halberstadt, Verden, Brême, Munster, Hildesheim, Osnabruck et Paderborn (780-802), fondations à la fois ecclésiastiques et militaires, où les chefs les plus dociles prendraient le titre de comtes, pour exécuter contre leurs frères les ordres des évêques. Des tribunaux élevés par toute la contrée durent poursuivre les relaps, et leur faire comprendre à leurs dépens la gravité de ces vœux qu'ils faisaient et violaient si souvent. C'est à ces tribunaux que l'on fait remonter l'origine des fameuses cours weimiques, qui véritablement ne se constituèrent qu'entre le xIII^e et le xve siècle.

Cependant Witikind descend encore une fois du Nord pour tout renverser. Une foule de Saxons se joignent à lui. Cette bande intrépide défait les lieutenants de Charlemagne près de Sonnethal, et quand la lourde armée des Francs vient au secours, ils ont disparu. Il en restait pourtant; quatre mille cinq cents d'entre eux, qui peut-être avaient en Saxe une famille à nourrir, ne purent suivre Witikind dans sa retraite rapide. Charlemagne brûla, ravagea jusqu'à ce qu'ils lui fussent livrés. Les quatre mille cinq cents furent décapités en un jour à Verden (782). Ceux qui essayèrent de les venger furent eux-mêmes défaits, massacrés à Dethmold et près d'Osnabruck (785). La Saxe resta tranquille pendant huit ans. Witikind lui-même s'était rendu.

Pendant cette expédition, un comte thuringien, Hartrad, avait formé une conspiration contre Charlemagne. Deux ans après, les princes tributaires se liguèrent contre les Francs. Les Bavarois et les Lombards étaient deux peuples frères. Les premiers avaient longtemps donné des rois aux seconds. Tassillon, duc de Bavière, avait épousé une fille de Didier, une sœur de celle que Charlemagne épousa et qu'il renvoya outrageusement à son père. Tassillon se trouvait ainsi beau-frère du duc lombard de Bénévent. Celui-ci s'entendait avec les Grecs, maîtres de la mer ; Tassillon appelait les Slaves et les Avares. Les mouvements des Bretons et des Sarrasins les encourageaient. Mais les Francs cernèrent Tassillon avec trois armées; vaincu sans combat, il fut accusé de trahison dans l'assemblée de Ingelheim, comme un criminel ordinaire, convaincu, condamné à mort, puis rasé et enfermé au monastère de Jumièges. La Bavière périt comme nation (788).

Le royaume des Lombards avait péri aussi; il en restait dans les montagnes du Midi le duché de Bénévent, que Charlemagne ne put jamais forcer, mais qu'il affaiblit et troubla en opposant un concurrent au fils de Didier que les Grecs ramenaient.

Charlemagne eut bientôt à soutenir une nouvelle guerre en Allemagne : parvenu sur l'Elbe, il vainquit les tribus slaves des Wiltzi et leur imposa un tribut. Mais entre les Slaves de la Baltique et ceux de l'Adriatique, derrière la Bavière devenue simple province, Charlemagne rencontrait les Avares, cavaliers infatigables, retranchés dans les marais de la Hongrie, et qui de là fondaient à leur choix sur les Slaves ou sur l'empire grec. Leur camp, ou *ring*, était un prodigieux village de bois qui couvrait toute une province, fermé de haies, d'arbres entrelacés ; là se trouvaient entassées les rapines de plusieurs siècles.

Ces barbares, devenus voisins des Francs, les auraient rançonnés comme les Grecs. Charlemagne les attaqua avec trois armées (791), et s'avança jusqu'au Raab, brûlant le peu d'habitations qu'il pouvait trouver. Cependant la cavalerie s'usait dans ces déserts contre un insaisissable ennemi, qu'on ne savait où rencontrer. Mais ce qu'on rencontrait partout, c'étaient les plaines humides, les marais, les fleuves débordés. L'armée des Francs y laissa tous ses chevaux.

Ces armées que Charlemagne envoyait périr au loin, c'était surtout chez les vaincus qu'elles se recrutaient, dans la Frise et la Saxe. Les Saxons aimèrent mieux périr chez eux. Ils massacrèrent les lieutenants de Charlemagne, brûlèrent les églises, chassèrent ou égorgèrent les prêtres, et retournèrent avec passion au culte de leurs anciens dieux. Ils firent cause commune avec les Avares, au lieu de fournir une armée contre eux. La même année, l'armée du calife Hixêm, trouvant l'Aquitaine dégarnie de troupes, passa l'Èbre, franchit les Marches et les Pyrénées, brûla les faubourgs de Narbonne, et défit avec un grand carnage les troupes qu'avait rassemblées Guillaume au Court-Nez, comte de Toulouse et régent d'Aquitaine.

Malgré tous ces revers, Charlemagne reprit bientôt l'ascendant sur des ennemis dispersés. Il entreprit de dépeupler la Saxe, puisqu'il ne pouvait la dompter ; il s'établit avec une armée sur le Weser, et de là, étendant de tous côtés ses incursions, il se faisait livrer dans plus d'un canton jusqu'au tiers des habitants. Ces troupeaux de captifs étaient ensuite chassés vers le Midi, vers l'Ouest, établis sur de nouvelles terres, au milieu de populations toutes chrétiennes et de langue différente.

En même temps un fils de Charlemagne,

profitant d'une guerre civile des Avares, entrait chez eux par le Midi avec une armée de Bavarois et de Lombards ; il passa le Danube, la Theiss, et mit enfin la main sur ce précieux *ring* où dormaient tant de richesses. Le butin fut tel, dit l'annaliste, qu'il semble que les Français étaient pauvres en comparaison de ce qu'ils furent dès lors (796).

Pour cette fois, Charlemagne commença à espérer un peu de repos. A en juger par l'étendue de sa domination, sinon par ses forces réelles, il se trouvait alors le plus grand souverain du monde. Pourquoi n'aurait-il pas accompli ce que Théodoric n'avait pu faire, la résurrection de l'empire romain? Telle devait être la pensée de tous ces conseillers ecclésiastiques dont il était environné.

L'an 800, Charlemagne se rend à Rome sous prétexte de rétablir le pape Léon, qui en avait été chassé. Aux fêtes de Noël, pendant qu'il est absorbé dans la prière, le pape lui met sur la tête la couronne impériale, et le proclame Auguste. L'empereur s'étonne et s'afflige humblement ; hypocrisie qu'il démentit en adoptant les titres et le cérémonial de la cour de Byzance. Pour rétablir l'Empire, il ne fallait plus qu'une

chose, marier le vieux Charlemagne à la vieille
Irène, qui régnait à Constantinople après avoir
fait tuer son fils. C'était la pensée du pape,
mais non celle d'Irène, qui se garda bien de se
donner un maître.

Une foule de petits rois ornaient la cour du
roi des Francs, et l'aidaient à donner cette
faible et pâle représentation de l'Empire. Le
roi de Galice et les Edrissites de Fez lui
envoyèrent des ambassadeurs. Haroun-al-Ras-
chid, calife de Bagdad, crut devoir entretenir
quelques relations avec l'ennemi de son ennemi,
le calife schismatique d'Espagne. Il fit, dit-on,
offrir à Charlemagne, entre autres présents, les
clefs du Saint-Sépulcre.

C'est dans son palais d'Aix qu'il fallait voir
Charlemagne. Il avait dépouillé Ravenne de
ses marbres les plus précieux pour orner sa
Rome barbare. Actif dans son repos même, il
y étudiait sous Pierre de Pise, sous le Saxon
Alcuin, la grammaire, la rhétorique, l'astro-
nomie; il apprenait à écrire, chose fort rare
alors; il se piquait de bien chanter au lutrin,
et remarquait impitoyablement les clercs qui
s'acquittaient mal de cet office.

La gloire littéraire et religieuse de son règne

tient surtout à trois étrangers. Le Saxon Alcuin et l'Écossais Clément fondèrent l'école palatine, modèle de toutes les autres qui s'élevèrent ensuite. Le Goth Benoît d'Aniane, fils du comte de Maguelone, réforma les monastères, et y établit uniformément la règle bénédictine.

Charlemagne ne donna point, à proprement parler, une législation nouvelle, mais il fit de louables efforts pour organiser une administration régulière. Quatre fois par an, ses *missi* ou inspecteurs parcouraient les provinces, recueillaient les plaintes, et l'informaient des abus. Ses Capitulaires, délibérés dans les assemblées nationales, sont en général des lois administratives, des ordonnances civiles et ecclésiastiques. La place énorme qu'y occupe la législation canonique, révèle partout l'influence du clergé.

Charlemagne fit écrire, en son nom, une longue lettre à l'hérétique Félix d'Urgel, qui soutenait, avec l'Église d'Espagne, que Jésus, comme homme, était simplement fils adoptif de Dieu. En son nom parurent les livres Carolins contre l'adoration des images. Le pape, qui partageait l'opinion du conseil de Nicée, n'osa cependant s'expliquer contre Charlemagne. (Concile de Francfort, 794.)

Malgré tout cet éclat du règne de Charlemagne, l'empire des Francs semblait atteint d'une caducité précoce. En Italie, ils avaient échoué contre Bénévent, contre Venise; les Grecs avaient détruit leur flotte en Germanie; ils avaient reculé de l'Oder à l'Elbe, et partagé avec les Slaves. Tout à coup apparut avec les flottes danoises cette mobile et fantastique image du monde du Nord qu'on avait trop oublié.

Un jour que Charlemagne était arrêté dans une ville de la Gaule narbonnaise, des barques scandinaves vinrent pirater jusque dans le port. Les uns croyaient que c'étaient des marchands juifs, africains, d'autres disaient bretons; mais Charles les reconnut à la légèreté de leurs bâtiments. « Ce ne sont pas là des marchands, dit-il, ce sont de cruels ennemis. » Poursuivis, ils s'évanouirent. Mais l'empereur s'étant levé de table, se mit, dit le chroniqueur, à la fenêtre qui regardait l'Orient, et demeura très longtemps le visage inondé de larmes. Comme personne n'osait l'interroger, il dit aux grands qui l'entouraient : « Savez-vous, mes fidèles, pourquoi je pleure amèrement? Certes, je ne crains pas qu'ils me nuisent par ces misérables pirateries; mais je m'afflige profondément de ce que, moi vivant, ils ont été près de toucher ce rivage, et je suis tourmenté d'une violente douleur, quand je prévois tout ce qu'ils feront de maux à mes neveux et à leurs peuples. »

GOUVERNEMENT DE CHARLEMAGNE.

Gouvernement local. — Ducs, comtes, vicaires de comtes, centeniers, scabini, nommés par l'empereur ou par ses délégués (les propriétaires exerçaient aussi sur leurs terres une certaine juridiction). Au-dessus d'eux étaient les *Missi dominici*, envoyés temporaires, chargés d'inspecter au nom de l'empereur l'état des provinces.

Gouvernement central. — Les assemblées du Champ de Mars (de mai depuis Pépin), reparaissent sous les Carlovingiens, mais dénaturées; au lieu d'une assemblée des guerriers de la nation, c'est presque un concile d'évêques, ne parlant que latin, et ne s'occupant que de discipline ecclésiastique. Trente-cinq réunions sous Charlemagne de ces assemblées d'évêques et d'officiers. Ces assemblées ne font que délibérer sur les Capitulaires que l'empereur leur adresse; le véritable gouvernement est entre les mains de Charlemagne et de ses conseillers. — Peu de force réelle dans cette administration. — Peu d'originalité dans la législation, mais effort pour établir l'ordre et l'unité dans l'Empire; grand nombre de lois administratives; place énorme qu'occupe dans les Capitulaires la législation canonique.

Lettres et sciences.

Efforts de Charlemagne pour répandre le goût des études. — Académie palatine. — Nombreuses écoles. — Recommandations fréquentes pour l'instruction des laïques et des clercs; réformes des offices de l'Église. — Chant grégorien. — École de Metz.

Littérature pédantesque et inféconde. — Charlemagne avait lui-même étudié toutes les sciences d'alors; il fit recueillir les vieux chants nationaux d'Allemagne, et voulut faire une grammaire franque. — Alcuin, Théodulf, Leidrade, Angilbert, saint Benoît d'Aniane, Éginard.

CHAPITRE VI

DÉCADENCE DES CARLOVINGIENS

Louis le Débonnaire fut sous plusieurs rapports le saint Louis du ix⁰ siècle. Les prêtres qui l'avaient formé firent plus qu'ils ne voulaient; leur élève se trouva plus prêtre qu'eux, et dans son intraitable vertu, il commença par réformer ses maîtres. Réforme des évêques : il leur fallut, dit l'historien, quitter leurs armes, leurs chevaux, leurs éperons. Réforme des monastères : Louis les soumit à l'inquisition du plus sévère des moines, saint Benoît d'Aniane, qui trouvait que la règle bénédictine elle-même avait été donnée pour les faibles et pour les enfants.

Le nouveau roi renvoya dans leur couvent Adalhard et Wala, deux moines intrigants et habiles, petits-fils de Charles-Martel, qui dans les dernières années avaient gouverné Charlemagne. Le palais impérial eut aussi sa réforme : Louis chassa les concubines de son père et les amants de ses sœurs, et ses sœurs elles-mêmes.

Les peuples opprimés par Charlemagne trouvèrent en son fils un juge intègre, prêt à décider contre lui-même. Roi d'Aquitaine, il avait accueilli les réclamations des Aquitains, et s'était réduit à une telle pauvreté, dit l'historien, qu'il ne pouvait plus rien donner, à peine sa bénédiction. Empereur, il écouta les plaintes des Saxons, et leur rendit le droit de succéder ; ôtant ainsi aux évêques, aux gouverneurs du pays, la puissance tyrannique de faire passer les héritages à qui ils voulaient. Les chrétiens d'Espagne, réfugiés dans les Marches, étaient dépouillés par les grands et les lieutenants impériaux des terres que Charlemagne leur avait attribuées : Louis rendit un édit qui confirmait leurs droits. Il respecta le principe des élections épiscopales, constamment violé par son père, il laissa les Romains élire, sans son autorisation, les papes Étienne IV et Pascal Ier.

Charlemagne avait fait roi d'Italie Bernard, le fils de son aîné Pépin. Bernard, élève d'Adal-hard et Wala, longtemps gouverné par eux dans sa royauté d'Italie, croyait avoir droit au trône, comme fils de l'aîné. Louis avait cependant pour lui l'usage, la volonté de Charlemagne, enfin une sorte d'élection. Son père avait sollicité et obtenu pour lui les suffrages des grands de l'Empire. Bernard, abandonné d'une grande partie des siens, se confia aux promesses de l'impératrice Hermengarde, qui lui offrait sa médiation. Il se livra lui-même à Chalon-sur-Saône, et dénonça tous ses complices, un desquels avait jadis conspiré la mort de Charlemagne. Tous furent condamnés à mort. L'empereur ne pouvait consentir à l'exécution. Hermengarde obtint du moins qu'on privât Bernard de la vue; mais elle s'y prit de façon qu'il en mourut au bout de trois jours (820).

L'Italie ne remua pas seule; toutes les nations tributaires avaient pris les armes : les Slaves, les Basques, les Bretons. La Bretagne fut envahie; les Basques battus avec les Sarrasins.

Dans le Nord, l'archevêché de Hambourg fut fondé; la Suède eut un évêque dépendant de l'archevêque de Reims [1].

La femme de Louis étant morte, il fit, dit-on, paraître devant lui les filles des grands de ses États et choisit la plus belle. Judith, fille du comte Welf, unissait en elle le sang des nations les plus odieuses aux Francs : sa mère était de Saxe; son père, Welf, de Bavière, de ce peuple allié des Lombards, et par qui les Slaves et les Avares furent appelés dans l'Empire. Savante, dit l'histoire, et plus qu'il n'eût fallu, elle livra son mari à l'influence des hommes élégants et polis du Midi. Louis était déjà favorable aux Aquitains, chez qui il avait été élevé. Bernard, fils de son ancien tuteur saint Guillaume de Toulouse, devint son favori, et encore plus celui de l'impératrice.

Cependant il commençait à se repentir de sa sévérité à l'égard de Bernard, à l'égard des moines Wala et Adalhard qu'il s'était pourtant contenté de renvoyer aux devoirs de leur ordre. Il lui fallut soulager son cœur. Il demanda, il

1. En 826, Hériolt, roi de Danemark, vient se réfugier en France. Louis lui donne des secours pour rentrer dans ses États.

obtint d'être soumis à une pénitence publique
(822). C'était la première fois depuis Théodose
qu'on voyait ce grand spectacle de l'humiliation
volontaire d'un homme tout-puissant. Mais
l'orgueil brutal des hommes de ce temps rougit
pour la royauté de l'humble aveu qu'elle faisait
de sa faiblesse. Il leur sembla que celui qui
avait baissé le front devant le prêtre ne pouvait
plus commander aux guerriers. L'Empire en
parut, lui aussi, dégradé, désarmé. Les premiers malheurs qui commencèrent une dissolution inévitable furent imputés à la faiblesse
d'un roi pénitent. Les grands, les évêques accusaient l'empereur, ils accusaient l'Aquitain
Bernard; le pouvoir central les gênait; ils
étaient impatients de l'unité de l'Empire; ils
voulaient régner chacun chez soi.

Mais il fallait des chefs contre l'empereur;
ce furent ses propres fils. Dès le commencement de son règne, il leur avait donné, avec
le titre de rois, deux frontières à gouverner
et à défendre, à Louis la Bavière, à Pépin
l'Aquitaine, les deux barrières de l'Empire.
L'aîné, Lothaire, devait être empereur, avec la
royauté d'Italie. Quand Louis eut un fils de
Judith (823); il donna à cet enfant, nommé

Charles, le titre de roi d'Alamanie (Souabe et Suisse). Les princes, se voyant trompés dans leurs espérances, prêtèrent leur nom à la conjuration des grands ; ceux-ci refusèrent de faire marcher leurs hommes contre les Bretons dont Louis voulait réprimer les ravages (830). Louis et Pépin chassèrent Bernard, enfermèrent Judith. Lothaire se croyait déjà empereur, et voulait jeter son père dans un couvent.

Toutefois, ni les grands ni les frères de Lothaire n'étaient disposés à se soumettre à lui. Empereur pour empereur, ils aimaient mieux le Débonnaire. Une diète fut assemblée à Nimègue au milieu des peuples qui le soutenaient (830). Toute la Germanie y accourut pour porter secours à l'empereur. Mais l'Aquitain Bernard, qui n'a pu recouvrer son ancienne faveur, se ligue avec Pépin, et rallume la guerre dans le Midi. Les trois frères s'entendent de nouveau. Lothaire amène avec lui le pape italien Grégoire IV, qui excommunie tous ceux qui n'obéiraient pas au roi d'Italie. Les soldats de l'empereur le trahissent au Champ du Mensonge, et Lothaire redevient maître de sa personne. Les évêques de Lothaire présentèrent au prisonnier une liste de crimes dont il devait s'avouer coupable. Quand on lut cette confession absurde dans l'église de Saint-Médard de Soissons, le pauvre Louis ne contesta rien, il signa tout, s'humilia autant qu'on voulut, se confessa trois fois coupable, pleura et demanda la pénitence publique pour réparer les scandales qu'il avait causés.

On croyait avoir tué Louis. Mais une immense pitié s'éleva dans l'Empire. Ce peuple, si malheureux lui-même, trouva des larmes pour son vieil empereur. Il se trouva relevé par son abaissement même : tout le monde s'éloigna du parricide. Abandonné des grands (834-835), et ne pouvant cette fois séduire les partisans de son père, Lothaire s'enfuit en Italie.

Cependant le Débonnaire, dominé par les mêmes conseils, fit ce qu'il fallait pour renouveler la révolte et tomber de nouveau. D'une part, il sommait les grands de rendre aux églises les biens qu'ils avaient usurpés; de l'autre, il diminuait la part de ses fils ainés, qui, il est vrai, l'avaient bien mérité, et dotait à leurs dépens le fils de son choix, le fils de Judith, Charles le Chauve. Les enfants de Pépin qui venait de mourir étaient dépouillés. Louis de Bavière armait pour empêcher l'exécution de ce traité, et par une mutation étrange, le père, cette fois, avait pour lui la France, et le fils l'Allemagne. Mais le vieux Louis succomba au chagrin et aux fatigues de cette guerre nouvelle. Il mourut à Ingelheim dans une île du Rhin près Mayence, au centre de l'Empire, et l'unité de l'Empire mourut avec lui (840).

C'était chose bien vaine que d'en tenter la résurrection comme le fit Lothaire. Toutefois ce nom de fils aîné du fils de Charlemagne, ce titre d'empereur, de roi d'Italie, et de plus l'avantage d'avoir Rome et le pape pour soi, tout cela imposait encore. Ce fut donc humblement, au nom de la paix, de l'Église, des pauvres et des orphelins, que les rois de Germanie et de Neustrie s'adressèrent à Lothaire quand les armées furent en présence à Fontenai ou Fontenaille, près d'Auxerre. Lothaire éluda leur demande.

Le lendemain, au jour et à l'heure qu'ils avaient eux-mêmes indiqués, ses deux frères l'attaquèrent et le défirent (841). Si l'on en croyait les historiens, la bataille aurait été acharnée et sanglante; si sanglante qu'elle eût épuisé les forces militaires de l'Empire, et l'eût laissé sans défense aux ravages des barbares.

Elle fut pourtant si peu décisive, que les vainqueurs ne purent poursuivre Lothaire; ce fut lui, au contraire, qui à la campagne suivante serra de près Charles le Chauve. Charles et Louis, toujours en péril, formèrent une nouvelle alliance à Strasbourg, et essayèrent d'y intéresser les peuples en leur parlant, non la langue de l'Église, seule en usage jusque-là dans les traités et les conciles, mais le langage populaire, usité en Gaule et en Germanie. Le roi des Allemands jura en langue romane ou française; celui des Français en langue germanique (842).

« Les évêques ayant tous été d'avis que la paix régnât entre les trois frères », les rois firent venir les députés de Lothaire, et lui accordèrent ce qu'il demandait. On arrêta que les pays situés entre le Rhin et la Meuse, que ceux qui s'étendaient le long de la Saône jusqu'à son confluent avec le Rhône, et le long du Rhône jusqu'à la mer, seraient offerts à Lothaire comme le tiers du royaume (843).

Ce qui perdit Lothaire et Pépin, c'est qu'ils s'aliénèrent l'Église en s'alliant aux païens, Saxons et Sarrasins. Les peuples détestèrent en eux les amis des barbares, et les rendirent responsables de leurs ravages. Pépin fut livré à Charles le Chauve par le chef des Gascons; souvent prisonnier, souvent fugitif, il n'établit que l'anarchie.

La famille de Lothaire ne fut guère plus heureuse. A sa mort (855), son aîné, Louis II, fut empereur; ses deux autres fils, Lothaire II et Charles, roi de Lorraine (provinces entre Meuse et Rhin), et roi de Provence. Charles mourut bientôt. Louis, harcelé par les Sarrasins, prisonnier des Lombards, eut peu de succès, malgré son courage. Pour Lothaire II, son règne semble l'avènement de la suprématie des papes sur les rois. Il avait chassé sa femme Teutberge. Le pape le força de la reprendre. Lothaire vint se justifier à Rome, et y reçut la communion des mains d'Adrien II. Mais celui-ci l'avait en même temps menacé, s'il ne changeait, de la punition du ciel. Lothaire mourut dans la semaine, la plupart des siens dans l'année. Charles le Chauve et Louis le Germanique profitèrent de ce jugement de Dieu; ils se partagèrent les États de Lothaire (869).

Le roi de Neustrie au contraire, fut, au moins dans les premiers temps, l'homme de l'Église. Le capitulaire d'Épernay (846) confirme le partage des attributions des inspecteurs royaux (*missi dominici*) entre les évêques et les laïques; celui de Kiersy (857) confère aux curés un droit d'inquisition contre tous les malfaiteurs. Les maîtres du pays étaient donc les prêtres.

Le vrai roi, le vrai pape de la France, était le fameux Hincmar. C'est lui qui, à la tête du clergé de France, semble avoir empêché Louis le Germanique, en 859, de s'établir dans la Neustrie et dans l'Aquitaine, où les grands l'appelaient contre Charles le Chauve. Les évêques nourrissaient, soutenaient le roi qu'ils avaient fait; ils lui permettaient de lever des soldats parmi leurs hommes; ils gouvernaient les choses de la guerre comme celles de la paix. « Charles, dit l'annaliste de saint Bertin, avait annoncé qu'il irait au secours de Louis avec une armée telle qu'il avait pu la rassembler, levée en grande partie par les évêques. » « Le roi, dit l'historien de l'église de Reims, chargeait l'archevêque Hincmar de toutes les affaires ecclésiastiques, et de plus, quand il fallait lever le peuple contre l'ennemi, c'était toujours à lui qu'il donnait cette mission, et aussitôt celui-ci, sur l'ordre du roi, convoquait les évêques et les comtes. »

Le pouvoir temporel et le pouvoir spirituel se trouvaient donc réunis dans les mêmes mains. Deux événements brisèrent ce faible et léthargique gouvernement, sous lequel le monde fatigué eût pu s'endormir. D'une part, l'esprit humain s'agita en sens divers; de l'autre, les incursions des Northmans obligèrent les évêques à résigner, au moins en partie, le pouvoir temporel à des mains plus capables de défendre le pays. La féodalité se fonda; la philosophie scolastique fut au moins préparée.

Pendant que l'Empire est attentif à la controverse de Gotteschalk et de Jean le Scot sur la liberté morale, les Northmans l'envahissent de toutes parts.

Ces barbares étaient fortifiés, selon quelques-uns, par les Saxons qui avaient fui les persécutions de Charlemagne. D'autres fugitifs purent aussi se joindre à eux. Selon la tradition, le plus terrible de leurs chefs, de leurs rois de la mer, Hastings, fut originairement un paysan des environs de Troyes. Loin de continuer l'armement des barques que Charlemagne avait voulu leur opposer à l'embouchure des fleuves, ses successeurs appelèrent les Northmans et les prirent pour auxiliaires.

Depuis surtout que le roi Harold eut obtenu du pieux Louis une province pour un baptême (826), ils vinrent tous à cette pâture. D'abord ils se faisaient baptiser pour avoir des habits blancs. On n'en pouvait trouver assez pour tous les néophytes qui se présentaient. A mesure qu'on leur refusa le sacrement dont ils se faisaient un jeu lucratif, ils se montrèrent d'autant plus furieux.

Dès que leurs barques sillonnaient les fleuves, dès que le cor d'ivoire retentissait sur les rives, personne ne regardait derrière soi. Tous fuyaient à la ville, à l'abbaye voisine, chassant vite les troupeaux; à peine en prenait-on le temps. Vils troupeaux eux-mêmes, sans force, sans unité, sans direction, ils se blottissaient aux autels sous les reliques des saints. Mais les reliques n'arrêtaient pas les barbares. Ils semblaient au contraire acharnés à violer les sanctuaires les plus révérés. Ils forcèrent Saint-Martin de Tours, Saint-Germain-des-Prés à Paris, une foule d'autres monastères.

L'effroi était si grand qu'on n'osait plus récolter. On vit les hommes mêler la terre à la farine. Les forêts s'épaissirent entre la Seine et la Loire. Une bande de trois cents loups courut l'Aquitaine, sans que personne pût l'arrêter. Les bêtes fauves semblaient prendre possession de la France.

Les Northmans désolèrent le Nord, tandis que les Sarrasins infestaient le Midi. Nous ne donnerons pas ici l'histoire de leurs incursions. Il nous suffit d'en distinguer les trois périodes principales : celle des incursions proprement dites, celle des stations, celle des établissements fixes. Les stations des Northmans étaient généralement dans des îles à l'embouchure de l'Escaut, de la Seine et de la Loire; celles des Sarrasins à Fraxinet (la Garde-Fraisnet) en Provence, et à Saint-Maurice-en-Valais; telle était l'audace de ces pirates, qu'ils avaient osé s'écarter ainsi de la mer, et s'établir au sein même des Alpes, aux défilés où se croisent les principales routes de l'Europe. Les Sarrasins n'eurent d'établissements importants qu'en Sicile. Les Northmans, plus disciplinables, finirent par adopter le christianisme, et s'établirent sur plusieurs points de la France, particulièrement dans le pays appelé de leur nom, Normandie.

Ainsi le gouvernement ecclésiastique de la France ne peut la défendre; son impuissance se trouve démontrée. Charles se sépare de l'Église, et n'en est que plus faible. Il peut disposer de quelques évêchés, humilier les évêques, opposer le pape à Hincmar. Il peut accumuler de vains titres, se faire couronner roi de Lorraine et partager avec les Allemands le royaume de son neveu Lothaire II; il n'en est pas plus fort. Sa faiblesse est au comble quand il devient empereur. En 875, la mort de son autre neveu, Louis II, laissait l'Italie vacante, ainsi que la dignité impériale. Il prévient à Rome les fils de Louis le Germanique, les gagne de vitesse et dérobe pour ainsi dire le titre d'empereur. Mais, le jour même de Noël où il triomphe dans Rome sous la dalmatique grecque, son frère, maître un instant de la Neustrie, triomphe lui aussi dans le propre palais de Charles; le pauvre empereur s'enfuit d'Italie à l'approche d'un de ses neveux, et meurt de maladie dans un village des Alpes (877).

Son fils, Louis le Bègue, ne peut même conserver l'ombre de puissance qu'avait eue Charles le Chauve. L'Italie, la Lorraine, la Bretagne, la Gascogne, ne veulent point entendre parler de lui. Dans le nord même de la France, il est obligé d'avouer aux prélats et aux grands, qu'il ne tient la couronne que de l'élection.

Il vit peu, ses fils encore moins. Sous l'un d'eux, le jeune Louis, l'annaliste jette en passant cette parole terrible, qui nous fait mesurer jusqu'où la France était descendue : « Il bâtit un château de bois; mais il servit plutôt à fortifier les païens qu'à défendre les chrétiens, car ledit roi ne put trouver personne à qui en remettre la garde. »

Louis eut pourtant en 881 un succès sur les Northmans de l'Escaut. Les historiens n'ont su comment célébrer ce rare événement. Il existe encore en langue germanique un chant qui fut composé à cette occasion. Ce revers ne rendit les barbares que plus terribles.

Mais l'humiliation n'est pas complète jusqu'à l'extinction de la branche française (Louis III et Carloman fils de Louis le Bègue, 879-884), et l'avènement de l'Allemand Charles le Gros (884). Celui-ci réunit tout l'empire de Charlemagne. Il est empereur, roi de Germanie, d'Italie, de France. Magnifique dérision. Sous lui, les Northmans ne se contentent plus de ravager l'Empire, ils commencent à vouloir s'emparer des places fortes.

Ils assiègent Paris avec un prodigieux acharnement. Cette ville, plusieurs fois attaquée, n'avait jamais été prise. Elle l'eût été alors, si le comte Eudes fils de Robert le Fort, l'évêque Gozlin et l'abbé de Saint-Germaindes-Prés, ne se fussent jetés dedans, et ne l'eussent défendue avec un grand courage. Eudes osa même en sortir pour implorer le secours de Charles le Gros. L'empereur vint en effet, mais il se contenta d'observer les barbares, et les détermina à laisser Paris, pour ravager la Bourgogne qui méconnaissait encore son autorité (885-886). Cette lâche et perfide connivence déshonorait Charles le Gros.

Cette race était finie. L'infécondité de huit reines, la mort prématurée de six rois, en prouvent assez la dégénération; elle finit d'épuisement, comme celle des Mérovingiens. La branche française est éteinte; la France dédaigne d'obéir plus longtemps à la branche allemande. Charles le Gros est déposé à la diète de Tribur, en 887. Les divers royaumes qui composaient l'empire de Charlemagne sont de nouveau séparés; et non seulement les royaumes, mais bientôt les duchés, les comtés, les simples seigneuries.

L'année même de sa mort (877), Charles le Chauve avait signé l'hérédité des comtés; celle des fiefs existait déjà. Les comtes, jusque-là magistrats amovibles, devinrent des souverains héréditaires chacun dans le pays qu'ils administraient. Cette concession fut amenée par la force des choses.

Le plus puissant de ces fondateurs de la féodalité, est le beau-frère même de Charles le Chauve, Boson, qui prend le titre de roi de Provence, ou Bourgogne cisjurane (879). Presque en même temps (888), Rodolf-Welf occupe la Bourgogne transjurane dont il fait aussi un royaume. Voilà la barrière de la France au sud-est. Les Sarrasins y auront des combats à rendre contre Boson, contre Gérard de Roussillon, le célèbre héros de roman, contre l'évêque de Grenoble et le vicomte de Marseille.

Au pied des Pyrénées, le duché de Gascogne est rétabli par cette famille d'Hunald et de Guaifer, si maltraitée par les Carlovingiens, qui lui durent le désastre de Roncevaux. Dans l'Aquitaine, s'élèvent les puissantes maisons de Gothie (Narbonne, Roussillon, Barcelone), de Poitiers et de Toulouse. Les deux premières veulent descendre de saint Guillaume, le grand saint du Midi, le vainqueur des Sarrasins.

A l'est, le comte de Hainaut, Reinier, disputera la Lorraine aux Allemands, au féroce Swentebold, fils du roi de Germanie; Reinier-*Renard* restera le type et le nom populaire de la ruse luttant avec avantage contre la brutalité de la force.

Au nord, la France prend pour double défense contre les Belges et les Allemands, les *forestiers* de Flandre, et les comtes de Vermandois, parents et alliés, plus ou moins fidèles, des Carlovingiens.

Mais la grande lutte est à l'ouest, vers la Normandie et la Bretagne. Là, débarquent annuellement les hommes du Nord. Le Breton Nomenoé se met à la tête du peuple, bat Charles le Chauve, bat les Northmans, défend contre Tours l'indépendance de l'Église bretonne, et veut faire de la Bretagne un royaume. Après lui, les Northmans reviennent en plus grand nombre, le pays n'est plus qu'un désert. Ce ne fut qu'en 937 que l'un de ses successeurs, l'héroïque Allan Barbetorte, parvint à reprendre Nantes.

En 859, les seigneurs avaient empêché le peuple de s'armer contre les Northmans. En 864, Charles le Chauve avait défendu aux seigneurs eux-mêmes d'élever des châteaux. Peu d'années s'écoulent, et une foule de châteaux se sont élevés; partout les seigneurs arment leurs hommes. Les barbares commencent à rencontrer des obstacles.

Robert le Fort a péri en combattant les Northmans à Brisserte (866). Son fils Eudes, plus heureux, défend Paris contre eux en 885. Il sort de la ville, il y rentre à travers le camp des Northmans. Ils lèvent le siège et vont encore échouer sous les murs de Sens. En 891, le roi de Germanie, Arnulf, force leur camp, près de Louvain, et les précipite dans la Dyle. En 933 et 955, les empereurs saxons, Henri l'Oiseleur et Othon le Grand, remportent sur les Hongrois leurs fameuses victoires de Mersebourg et d'Augsbourg. Vers la même époque, l'évêque Izarn chasse les Sarrasins du Dauphiné, et le vicomte de Marseille, Guillaume, en délivre la Provence (965,972).

Peu à peu les barbares se découragent; ils se résignent au repos. Ils renoncent au brigandage, et demandent des terres. Les Northmans de la Loire, si terribles sous le vieil Hastings qui les mena jusqu'en Toscane, sont repoussés d'Angleterre par le roi Alfred. Ils s'établissent en France, sur la Loire. Ils possèdent Chartres, Tours et Blois. Leur chef Théobald, tige de la maison de Blois et Champagne, ferme la Loire aux invasions nouvelles, comme tout à l'heure Rad-Holf ou Rollon va fermer la Seine, sur laquelle il s'établit (912), du consentement du roi de France, Charles le Simple ou le Sot.

Le centre du monde mérovingien avait été l'église de Tours. Celui des guerres carlovingiennes contre les Northmans et les Bretons est aussi sur la Loire, mais plus à l'occident, c'est-à-dire dans l'Anjou, sur la Marche de Bretagne.

Là, deux familles s'élèvent, tiges des Capets et des Plantagenêts, des rois de France et d'Angleterre. Toutes deux sortent de chefs obscurs qui s'illustrèrent en défendant le pays. La seconde veut remonter à un Torthulf, simple paysan de Rennes. Son fils reçut le titre de sénéchal d'Anjou.

Les Capets sont d'abord établis dans la même province. Il semble que ce soient des chefs saxons au service de Charles le Chauve. Il confie à leur premier ancêtre connu, Robert le Fort, la défense du pays entre la Seine et la Loire. Son fils Eudes remporte sur les Normands une grande victoire à Montfaucon, et à l'époque de la déposition de Charles le Gros, il est élu roi de France (887).

L'héritier dépossédé, Charles le Simple, fils de Louis le Bègue, ne tarda pas, en effet, à justifier son exclusion du trône en se mettant sous le patronage d'Arnulf, roi de Germanie. Il vint le trouver à Worms, lui offrit de grands présents, et fut investi par lui de la royauté, dont l'archevêque de Reims et le comte de Vermandois lui avaient déjà solennellement conféré le titre. Ce parti fut plusieurs fois battu avec son chef, qui, après chaque défaite, se mettait en sûreté derrière la Meuse, hors des limites du royaume. Charles le Simple parvint cependant, grâce au voisinage de l'Allemagne, à obtenir quelque puissance entre la Meuse et la Seine. Swentebold, fils naturel d'Arnulf et roi de Lorraine, envahit en 895 le territoire français. Il parvint jusqu'à Laon avec une armée composée de Lorrains, d'Alsaciens et de Flamands, mais fut bientôt forcé de battre en retraite devant l'armée du roi Eudes.

A la mort d'Eudes, en 898, Charles le Simple, reconnu roi par une grande partie de ceux qui avaient travaillé à l'exclure, régna d'abord vingt-deux ans sans opposition. C'est dans cet espace de temps qu'il abandonna au chef normand, Rollon, la province appelée Normandie (911) [1]. Mais, en 920, les seigneurs mécontents de Haganon, favori du roi, voulurent déposer Charles le Simple; Robert, duc de France, proclamé roi en 922, ayant été tué dans une bataille contre Charles, son fils Hugues le Blanc donna le titre de roi à Raoul de Bourgogne qui régna treize ans, de 923 à 936, tandis que Héribert, comte de Vermandois, tenait Charles renfermé dans le château de Péronne (Charles mourut en 929). A la mort de Raoul, Hugues refusa encore de prendre la couronne et rappela d'Angleterre un fils de Charles le Simple, Louis IV d'Outremer.

« Le nouveau roi contracta une alliance étroite avec Othon, premier du nom, roi de Germanie, le prince le plus puissant de l'époque. Cette alliance mécontenta vivement les seigneurs, qui avaient une grande aversion pour l'influence teutonique.

» Le représentant de cette opinion nationale,

---

1. Dans cette page et les deux suivantes, nous suivons presque toujours et quelquefois nous copions les *Lettres sur l'histoire de France*, de M. Augustin Thierry.

et l'homme le plus puissant entre la Seine et la Loire, était Hugues, comte de Paris, auquel on donnait le surnom de Grand, à cause de ses immenses domaines. Depuis 940, Hugues le Grand, quoiqu'il ne prît point le titre de roi, joua contre Louis d'Outremer le même rôle qu'Eudes, Robert et Raoul avaient joué contre Charles le Simple. Son premier soin fut d'enlever à la faction opposée l'appui du duc de Normandie; il y réussit, et, grâce à l'intervention normande, parvint à neutraliser les effets de l'influence germanique.

» Toutes les forces du roi Louis et du parti franc se brisèrent, en 945, contre le petit duché de Normandie. Le roi, vaincu en bataille rangée, fut pris avec seize de ses comtes et enfermé dans la tour de Rouen, d'où il ne sortit que pour être livré aux chefs du parti national, qui l'emprisonnèrent à Laon. En vain les puissances teutoniques se coalisèrent, à leur tête le roi de Germanie et le comte de Flandre (946).

» A la mort de Louis d'Outremer, en 954, son fils Lothaire lui succéda sans opposition apparente. Deux ans après, le comte Hugues mourut, laissant trois fils, dont l'aîné, qui por-

tait le même nom que lui, hérita du comté de
Paris, qu'on appelait aussi le duché de France.
Son père, avant de mourir, l'avait recom-
mandé à Rikard ou Richard, duc de Normandie comme au défenseur naturel de sa
famille et de son parti. Ce parti sembla som-
meiller jusqu'en l'année 980. »

Ce sommeil ne fut autre chose que la minorité du roi Lothaire et du duc de France Hugues
Capet, sous la tutelle de leurs mères Hedwige
et Gerberge, toutes deux sœurs du saxon Othon,
roi de Germanie. Ce puissant monarque semble
alors avoir gouverné la France par l'intermé-
diaire de son frère, Bruno, archevêque de Cologne, et duc de Lorraine et des Pays-Bas

Après la mort d'Othon le Grand, Lothaire
entra à l'improviste sur les terres de l'Empire
et séjourna en vainqueur dans le palais d'Aix-
la-Chapelle. Mais cette expédition aventureuse
ne servit qu'à amener les Germains, au nombre
de soixante mille, Allemands, Lorrains, Flamands et Saxons, jusque sur les hauteurs de
Montmartre, où cette grande armée chanta en
chœur un des versets du *Te Deum*. L'empereur Othon II, qui la conduisait, fut plus heu-

reux dans l'invasion que dans la retraite et regagna avec peine sa frontière. Mais Lothaire eut bientôt recours à lui, et lui céda, pour obtenir son appui, toutes ses conquêtes en Lorraine. Ce traité lui aliénait la France. En 983, profitant de la mort d'Othon II, et de la minorité de son fils, il rompit subitement la paix qu'il avait conclue avec l'Empire, et envahit de nouveau la Lorraine, agression qui devait lui rendre un peu de popularité. Aussi, jusqu'à la fin de son règne, aucune rébellion déclarée ne s'éleva contre lui. Mais chaque jour son pouvoir allait en décroissant.

L'autorité, qui se retirait de lui, pour ainsi dire, passa aux mains du fils de Hugues le Grand, Hugues, comte de l'Ile-de-France et d'Anjou, qu'on surnommait *Capet* ou *Chapet*.

Les Carlovingiens finirent comme les rois de la première race, par un roi enfant, Louis V le Fainéant qui régna quatorze mois (986-987). Cette famille n'avait pu fournir deux siècles.

« Les difficultés de tout genre que présentait, en 987, une quatrième restauration des Carlovingiens, effrayèrent les princes d'Allemagne; ils ne firent marcher aucune armée au secours du prétendant Charles, frère de l'avant-dernier roi, et duc de Lorraine sous la suzeraineté de l'Empire. Réduit à la faible assistance de ses partisans de l'intérieur, Charles ne réussit qu'à s'emparer de la ville de Laon, où il se maintint jusqu'au moment où il fut trahi et livré par l'un des siens. Hugues Capet le fit emprisonner dans la tour d'Orléans, où il mourut. Ses deux fils Louis et Charles, nés en prison et bannis de France après la mort de leur père, trouvèrent un asile en Allemagne, où se conservait à leur égard l'ancienne sympathie d'origine et de parenté.

» L'avènement de la troisième race est, dans notre histoire nationale, d'une bien autre importance que celui de la seconde; c'est, à proprement parler, la fin du règne des Franks et la substitution d'une royauté nationale au gouvernement fondé par la conquête. Dès lors, notre histoire devient simple; c'est toujours le même peuple, qu'on suit et qu'on reconnaît malgré les changements qui surviennent dans les mœurs et la civilisation. L'identité nationale est le fondement sur lequel repose depuis tant de siècles l'unité de dynastie. »

Toutefois l'avènement d'une dynastie nouvelle fut à peine remarqué dans les provinces éloignées. Qu'importait aux seigneurs de Gascogne, de Languedoc, de Provence de savoir si celui qui portait vers la Seine le titre de roi, s'appelait Charles ou Hugues Capet? Pendant longtemps le roi n'aura guère plus d'importance qu'un duc ou un comte ordinaire. C'est quelque chose cependant qu'il soit au moins l'égal des grands vassaux, que la royauté soit descendue de la montagne de Laon, et sortie de la tutelle de l'archevêque de Reims. Les derniers Carlovingiens avaient souvent lutté avec peine contre les moindres barons. Les Capets sont de puissants seigneurs, capables de faire tête par leurs propres forces au comte d'Anjou, au comte de Poitiers.

Parvenus au terme de la domination des Allemands, à l'avènement de la nationalité française, nous devons nous arrêter un moment. L'an mil approche, la grande et solennelle époque où le moyen âge attendait la fin du monde En effet, un monde y finit.

Portons nos regards en arrière.

La France a déjà parcouru deux âges dans sa vie de nation.

Dans le premier, les races sont venues se

déposer l'une sur l'autre, et féconder le sol gaulois de leurs alluvions. Par-dessus les Celtes,
se sont placés les Romains, enfin les Germains,
les derniers venus du monde. Voilà les éléments, les matériaux vivants de la société.

Au second âge, la fusion des races commence
et la société cherche à s'asseoir. La France
voudrait devenir un monde social, mais l'organisation d'un tel monde suppose la fixité et
l'ordre. La fixité, l'attachement au sol, à la propriété, cette condition impossible à remplir tant
que durent les immigrations de races nouvelles,
elle est à peine remplie sous les Carlovingiens;
elle ne le sera complètement que par la féodalité.

C'est alors que l'homme prend racine et
s'incorpore à la terre. La loi, de personnelle
qu'elle était, devient territoriale.

Tout se divise et s'isole.

L'histoire devrait, s'il était possible, obéir à ce
mouvement, se disperser aussi, et suivre sur
tous les points où elles s'élèvent, les dynasties
féodales. La véritable histoire de France est
alors celle des fiefs plus que celle la royauté.

CHAPITRE VII

I

AVÈNEMENT DES CAPÉTIENS

C'était une croyance universelle au moyen âge, que le monde devait finir avec l'an mil de l'Incarnation. Avant le christianisme, les Étrusques aussi avaient fixé leur terme à dix siècles, et la prédiction s'était accomplie. Le christianisme, passager sur cette terre, hôte exilé du ciel, devait adopter aisément ces croyances. Le monde du moyen âge n'avait pas la régularité extérieure de la cité antique, et il était bien difficile d'en discerner l'ordre intime et profond. Ce monde ne voyait que chaos en soi; il aspirait à l'ordre, et l'attendait dans la mort.

Cette croyance à la proximité du jugement dernier se fortifia dans les calamités qui précédèrent l'an mil, ou suivirent de près. Il semblait que l'ordre des saisons fût interverti, que les éléments suivissent des lois nouvelles. Une peste terrible désola l'Aquitaine; la chair des malades semblait frappée par le feu, se détachait de leurs os, et tombait en pourriture. Ce fut encore pis quelques années après. La famine ravagea tout le monde; l'on vit les hommes se manger les uns les autres.

Ces excessives misères brisèrent les cœurs et leur rendirent un peu de douceur et de piété. Pendant les jours saints de chaque semaine (du mercredi soir au lundi matin), toute guerre était interdite : c'est ce qu'on appela *la paix*, plus tard, *la trêve de Dieu.*

Dans cet effroi général, la plupart ne trouvaient un peu de repos qu'à l'ombre des églises. Ils apportaient en foule, ils mettaient sur l'autel des donations de terres, de maisons, de serfs. Mais le plus souvent tout cela ne les rassurait pas; ils aspiraient à quitter l'épée, le baudrier, tous les signes de la milice du siècle; ils se réfugiaient dans l'église. Le premier des Capétiens, Hugues Capet, ne voulut jamais porter la couronne; il lui suffit de la chappe, comme abbé de Saint-Martin de Tours.

Les Capets passaient généralement pour une race plébéienne, saxonne d'origine. Leur aïeul, Robert le Fort, avait défendu le pays contre les Normands. Eudes combattit sans cesse les empereurs qui soutenaient les derniers Carlovingiens. Ses successeurs, qui durent le trône à la popularité de leurs belliqueux ancêtres, cherchèrent, sans doute par le conseil des prêtres, à se rattacher au passé, et, par de lointaines alliances avec le monde grec, à primer les Carlovingiens en antiquité. Hugues Capet demanda pour son fils la main d'une princesse de Constantinople. Son petit-fils, Henri Ier, épousa la fille du czar de Russie, princesse byzantine par une de ses aïeules qui appartenait à la maison macédonienne. La prétention de cette maison était de remonter à Alexandre le Grand, à Philippe, et, par eux, à Hercule. Le roi de France appela son fils Philippe, et ce nom est resté jusqu'à nous commun parmi les Capétiens.

L'élévation de cette dynastie fut l'ouvrage des prêtres; Hugues assura ou rendit aux églises et monastères leurs biens et leurs immunités.

Elle fut aussi l'ouvrage du duc de Normandie, Richard sans Peur. Blois, Tours et Chartres se trouvaient entre les mains d'une autre maison normande qui possédait en outre les établissements éloignés de Provins, Meaux et Beauvais ; ceux-ci descendaient d'un Thiébold, selon quelques-uns parent de Rollon.

Rivaux jaloux des Normands de Normandie, les Normands de Blois refusèrent quelque temps de reconnaître Hugues Capet, en haine de ceux qui l'avaient fait roi. Mais il les apaisa en faisant épouser à son fils, le roi Robert, la fameuse Berthe, veuve d'Eudes Ier de Blois (fils de Thibaut le Tricheur) (995)[1].

Cette veuve, héritière du royaume de Bourgogne par le roi Rodolphe son frère, pouvait donner aux Capets quelques prétentions sur ce royaume, légué par Rodolphe à l'Empire. Aussi le pape allemand Grégoire V, créature des empereurs, saisit-il le prétexte d'une parenté éloignée pour forcer Robert de quitter sa femme et l'excommunier sur son refus (998). On con-

---

1. Hugues Capet mourut en 996, après avoir fait sacrer son fils Robert ; les premiers Capétiens suivirent cet exemple : l'Église s'engageait ainsi à maintenir la couronne dans la nouvelle famille.

naît l'histoire ou la fable de l'abandon de Robert, délaissé de ses serviteurs, et la légende de Berthe, qui accoucha d'un monstre.

Mais l'année suivante, succéda à Grégoire V, un Français, un ami des Capétiens, Gerbert (Sylvestre II), qui renoua ainsi pour long-temps l'alliance du saint-siège et du trône de France.

Ce Gerbert, disent les contemporains, n'était pas moins qu'un magicien. C'est du diable qu'il apprit la merveille des chiffres arabes, et l'al-gèbre, et l'art de construire une horloge. Moine à Aurillac, chassé, réfugié à Barcelone, il se défroque pour aller étudier les lettres et l'al-gèbre à Cordoue. De là, il passe à Rome. Le grand Othon le fait précepteur de son fils, de son petit-fils; puis il professe aux fameuses écoles de Reims; il a pour disciple notre bon roi Robert. Secrétaire et confident de l'arche-vêque, il le fait déposer, et obtient sa place par l'influence d'Hugues Capet.

Ce fut une grande chose pour les Capets d'avoir pour eux un tel homme : ils le font archevêque, et il aide à les faire rois. Obligé de se retirer près d'Othon III, il devient arche-vêque de Ravenne, enfin pape. Il juge les grands, il nomme des rois (Hongrie, Pologne), il donne des lois aux républiques, il prêche la croisade; il règne par le pontificat et par la science.

Robert ayant été obligé de répudier Berthe avant l'avènement de Gerbert et le fils que Berthe avait d'un premier lit ayant détruit la puissance de la maison de Blois et Champagne dans une vaine entreprise contre l'Empire, la maison d'Anjou prévalut. L'Angevin Foulques Nerra fit épouser au roi Robert sa nièce Constance, fille du comte de Toulouse. Robert put à son aise, sous la tutelle de sa femme, composer des hymnes et vaquer au lutrin.

Plus tard ce fut le tour des Normands de dominer Robert. Ils entreprirent de lui donner la Bourgogne, ce qui soumettait à leur influence le cours supérieur de la Seine. Son fils cadet, de même nom que lui, fut le premier duc capétien de Bourgogne (1015). Cette maison donna des rois au Portugal; la maison de Franche-Comté en donna à la Castille.

A l'époque où les Angevins gouvernaient les Capétiens, sous Hugues Capet et Robert, ils semblent avoir essayé de se servir d'eux contre le Poitou et l'Aquitaine. Mais, malgré ce que l'on nous conte d'une prétendue victoire d'Hugues Capet sur le comte de Poitou, le Midi resta fort indépendant du Nord.

Ce sont même plutôt les Aquitains qui, par leur union avec l'Anjou, exercèrent quelque influence sur les mœurs et le gouvernement de la France du Nord. Constance, fille du comte de Toulouse, nièce du comte d'Anjou, régna sous Robert [1]. Pour prolonger cette domination après la mort de son mari (1031), elle voulait élever au trône son second fils Robert, au préjudice de l'aîné, Henri : mais l'Église se déclara pour l'aîné. Le duc des Normands le prit sous sa protection, et força le jeune Robert de se contenter du duché de Bourgogne.

Toutefois le Normand ne donna la royauté à Henri qu'affaiblie et désarmée, pour ainsi dire. Il se fit céder le Vexin, et se trouva ainsi établi à six lieues même de Paris. Henri essaya en vain d'échapper à cette servitude et de

----

1. La maison d'Anjou finit par prévaloir, malgré ses discordes intérieures, sur celle de Blois et de Champagne. Toutes deux se lièrent par mariage aux Normands conquérants de l'Angleterre. Mais les comtes de Blois n'occupèrent le trône d'Angleterre qu'un instant, tandis que les Angevins le gardèrent du xiie au xiiie siècle, sous le nom de *Plantagenêts*, y joignirent quelque temps tout notre littoral, de la Flandre aux Pyrénées, et faillirent y joindre la France.

reprendre le Vexin, à la faveur des révoltes qui eurent lieu contre le nouveau duc de Normandie, Guillaume le Bâtard. Ce Guillaume, dont nous allons parler plus au long, battit le roi. Ce fut peut-être le salut de celui-ci que le duc des Normands ait tourné contre l'Angleterre ses armes et sa politique.

Henri et son fils Philippe Ier (1031-1108), restèrent spectateurs inertes et impuissants des grands événements qui bouleversèrent l'Eurore sous leur règne. Ils ne prirent part ni aux expéditions normandes de Naples et d'Angleterre, ni à la croisade européenne de Jérusalem, ni à la lutte des papes et des empereurs, ils laissèrent tranquillement l'empereur Henri III établir sa suprématie en Europe, et refusèrent de seconder les comtes de Flandre, Hollande, Brabant et Lorraine, dans la grande guerre des Pays-Bas contre l'Empire.

Ce n'est pourtant pas sans raison que les papes ont appelé la France la fille aînée de l'Église. C'est par elle qu'ils ont partout combattu l'opposition politique et religieuse au moyen âge. Dès le xie siècle, à l'époque où la royauté capétienne, faible et inerte, ne peut les seconder encore, l'épée des Français de Normandie repousse l'empereur des murs de Rome, chasse les Grecs et les Sarrasins d'Italie et de Sicile, assujettit les Saxons dissidents de l'Angleterre. Et lorsque les papes parviennent à entraîner l'Europe à la croisade, la France a la part principale dans cet événement, qui contribue si puissamment à leur grandeur et les arme d'une si grande force dans la lutte du sacerdoce et de l'Empire.

II

CONQUÊTES DES NORMANDS

Dans cette lutte terrible que le saint-siège poursuivit dans toute l'Europe, il eut deux auxiliaires, deux instruments temporels. D'abord la fameuse comtesse Mathilde, si puissante en Italie, la chaste et fidèle amie de Grégoire VII. Cette princesse, Française d'origine, avait grandi dans l'exil et sous la persécution des Allemands. Elle était alliée à la famille de Godefroi de Bouillon. Après Mathilde, les meilleurs soutiens du pape étaient nos Normands de Naples et d'Angleterre. Longtemps avant la croisade de Jérusalem, ce peuple, aventureux faisait la croisade par toute l'Europe.

Il est curieux d'examiner comment ces pieux brigands devinrent les soldats du saint-siège. Mélange d'audace et de ruse, conquérants et chicaneurs comme les anciens Romains, scribes et chevaliers, amis des prêtres (au moins pour commencer), ils firent leur fortune par l'Église et malgré l'Église. Le héros de cette race, c'est Robert l'Avisé (Guiscard, *Wise*).

Conquête des Deux-Siciles.

C'est un pèlerinage qui conduisit d'abord les Normands dans l'Italie du sud, où ils devaient fonder un royaume.

Il y avait là, si je puis dire, trois débris, trois ruines de peuples : des Lombards dans les montagnes, des Grecs dans les ports, des Sarrasins de Sicile et d'Afrique qui voltigeaient sur toutes les côtes.

Vers l'an 1000, des pèlerins normands aident les habitants de Salerne à chasser les Arabes qui les rançonnaient. Bien payés, ils en attirent d'autres. Un Grec de Bari, nommé Melo ou

Melès, loue des Normands pour combattre les Grecs byzantins, et affranchit sa ville. Puis la république grecque de Naples les établit au fort d'Aversa, entre elle et ses ennemis, les Lombards de Capoue (1026).

Enfin arrivent les fils d'un pauvre gentilhomme du Cotentin, Tancrède de Hauteville. Le gouverneur (ou Kata-pan) byzantin, les embaucha, les mena contre les Arabes. Mais à mesure qu'il leur vint des compatriotes et qu'ils se virent assez forts, ils tournèrent contre ceux qui les payaient, s'emparèrent de la Pouille et la partagèrent en douze comtés. Les Grecs réunirent contre eux jusqu'à soixante mille Italiens; ils n'en furent pas moins battus, et obligés d'appeler les Allemands à leur secours.

Les deux empires d'Orient et d'Occident se confédérèrent contre les fils du gentilhomme de Coutances. Le tout-puissant empereur Henri le Noir (Henri III) chargea son pape, Léon IX, qui était un Allemand de la famille impériale, d'exterminer ces brigands. Le belliqueux pontife fut fait prisonnier.

Les Normands n'eurent garde de le maltraiter; ils s'agenouillèrent dévotement aux pieds de leur prisonnier, et le contraignirent de leur donner, comme fief de l'Église, tout ce qu'ils avaient pris et pourraient prendre dans la Pouille, la Calabre, et de l'autre côté du détroit. Le pape devint, malgré lui, suzerain du royaume des Deux-Siciles (1052-1053).

La conquête de l'Italie méridionale fut achevée par Robert Guiscard. Son frère, Roger, passa en Sicile et en fit la conquête sur les Arabes, après la lutte la plus inégale et la plus romanesque.

Ce royaume féodal fut de grande utilité à l'Italie. Les papes vraiment Italiens, comme Grégoire VII, fermèrent les yeux sur les brigandages des Normands, et s'unirent étroitement avec eux contre les empereurs grecs et allemands. Robert Guiscard chassa de Rome Henri VI victorieux, et recueillit Grégoire VII, qui mourut chez lui à Salerne.

Conquête de l'Angleterre.

Cette prodigieuse fortune d'une famille de simples gentilshommes inspira de l'émulation au duc de Normandie, Guillaume le Bâtard. L'amitié de Guillaume était précieuse pour l'Église romaine, déjà gouvernée par Hildebrand, qui fut bientôt Grégoire VII. Leurs projets s'accordaient. L'Angleterre était pour les Normands une autre Sicile à conquérir.

Pour n'être pas occupée par les Arabes, l'Angleterre n'était pas moins odieuse au saint-siège. L'Église anglo-saxonne avait pris de bonne heure cet esprit d'opposition qui reparut toujours dans ce pays.

Cette île était, depuis des siècles, un théâtre d'invasions continuelles. Toutes les races du Nord, Celtes, Saxons, Danois, semblaient s'y être donné rendez-vous, comme celles du Midi en Sicile. Les Danois y avaient dominé cinquante ans, les discordes des vainqueurs avaient permis le retour et le rétablissement d'Édouard le Confesseur, fils d'un roi saxon et d'une Normande, et élevé en Normandie. Ami des Normands plus civilisés, il fit de vains efforts pour échapper à la tutelle d'un puissant chef saxon, nommé Godwin, qui l'avait rétabli en chassant les Danois, mais qui, dans la réalité, régnait lui-même.

Un de ses fils, nommé Harold, qui avait en effet de grandes qualités, prit assez d'empire sur le faible roi pour se faire désigner par lui pour son successeur.

Un hasard singulier donna à Guillaume une apparence de droit sur l'Angleterre et sur Harold lui-même. Harold, ayant été jeté sur la côte de France par une tempête, Guillaume le reçut bien, mais lui fit jurer sur des reliques qu'il l'aiderait à conquérir l'Angleterre après la mort d'Édouard. Une fois libre, Harold ne se souvint plus de son serment; le Normand le fit sommer de l'accomplir. Cependant, avant de prendre les armes, il déclara qu'il s'en rapportait au jugement du pape, et le procès de l'Angleterre fut plaidé dans les règles au conclave de Latran. L'Angleterre fut adjugée au duc de Normandie. Cette décision hardie fut prise à l'instigation d'Hildebrand; le diplôme en fut envoyé à Guillaume avec un étendard béni et un cheveu de saint Pierre.

Cependant, toute la Bretagne, sous la conduite du jeune duc Conan, s'était mise en mouvement comme pour conquérir la Normandie, tandis que celle-ci allait conquérir l'Angleterre. Heureusement pour Guillaume, Conan mourut en route; son cor et ses gants étaient empoisonnés.

Les Saxons avaient deux ennemis à combattre. Le frère même de Harold appela les Normands, puis les Danois, qui en effet attaquèrent l'Angleterre par le nord, tandis que Guillaume l'envahissait par le midi. Harold alla repousser les Danois, puis il revint en toute hâte au-devant des Normands. Il les rencontra à Hastings, et cette fois, il ne fut pas si heureux. Les lances normandes prévalurent sur les haches saxonnes; tout fut tué ou se dispersa (1066).

Guillaume s'y prit d'abord avec quelque douceur et quelques égards pour les vaincus. Mais une grande révolte ayant éclaté, le pays fut tout entier mesuré et décrit; soixante mille fiefs de chevaliers y furent créés aux dépens des Saxons, et le résultat fut consigné dans le livre noir de la conquête, le *Doomsday book*.

Quels qu'aient été les maux d'une telle révolution, le résultat en fut immensément utile à l'Angleterre et au genre humain. Pour la première fois, il y eut un gouvernement. Le lien social, lâche et flottant en France et en Allemagne, fut tendu à l'excès en Angleterre. A côté de la royauté se constitua l'Église; une Église forte et politique, comme celle que Charlemagne avait fondée en Saxe pour discipliner les anciens Saxons. Cette Église eut son unité dans l'archevêque de Kenterbury.

Quoique les Normands fussent loin de tenir

tout ce que l'Église de Rome s'était promis de leurs victoires, elle y gagna néanmoins infiniment. Ceux de Naples dès leur origine, ceux d'Angleterre au temps d'Henri II et de Jean, se reconnurent pour feudataires du saint-siège. Les rois normands d'Italie tinrent souvent en respect les empereurs d'Orient et d'Occident. Ceux d'Angleterre, vassaux formidables du roi de France, l'obligèrent longtemps de se livrer sans réserve aux papes.

En même temps, les Capétiens de Bourgogne concouraient aux victoires du Cid, occupaient par mariage le royaume de Castille, et fondaient celui de Portugal. De toutes parts l'Église triomphait dans l'Europe par l'épée des Français. En Sicile et en Espagne, en Angleterre et dans l'empire grec, ils avaient commencé ou accompli la croisade contre les ennemis du pape ou de la foi.

1031. Henri Ier — La révolte de son frère Robert, que soutenaient le comte de Blois et de Champagne et le comte de Flandre, est apaisée avec le secours de Robert duc de Normandie. — 1041. Révolte d'Eudes, quatrième fils du roi Robert. Il est vaincu et emprisonné par son frère à Orléans. — 1051. Henri épouse Anne, fille de Jaroslaw, duc de Russie. — 1053. Guerre malheureuse contre Guillaume le Bâtard. — 1060. Philippe Ier, sous la tutelle du comte de Flandre. — Foulques le Réchin, comte d'Anjou, lui cède le Gatinais, plus tard il acquit le Vexin français et le vicomté de Bourges. — 1071. Philippe voulant soutenir le petit-fils du comte de Flandre, est battu à Cassel par Robert le Frison, dont il épouse, en 1072, la belle-fille, Berthe de Hollande. — 1075. Il force Guillaume le Conquérant à lever le siège de Dôle, et soutient (1090) Robert Courte-Heuse, qui s'arme successivement contre son père et contre son frère Guillaume le Roux. — 1092. Philippe répudie Berthe et enlève Bertrade à son mari, le comte d'Anjou. Il est excommunié malgré l'appui des évêques du Nord de la France. — 1098 ou 1099. Louis est associé à la couronne. — 1108. Philippe meurt.

La hiérarchie féodale ayant eu sa forme la plus arrêtée en Angleterre, nous croyons devoir placer ici l'histoire de la féodalité en France depuis son origine jusqu'au règne de Louis le Gros. Le système féodal est d'ailleurs arrivé à son apogée en France à la mort de Philippe Ier.

Formation du régime féodal. Changement des terres allodiales et tributaires en terres bénéficiaires. — Trois sortes de terres après l'invasion, allodiales, bénéficiaires, tributaires. Le nombre, déjà peu élevé des propriétaires d'alleux, diminue de jour en jour par la violence, l'exhérédation, et souvent aussi par la volonté même du possesseur d'alleux, qui se *recommande* pour s'assurer la protection d'un homme puissant. Au milieu des troubles et des guerres continuelles, ceux qui tiennent des terres tributaires sont réduits à l'état de serfs, ou bien négligent de payer la redevance primitive, et s'approprient les domaines qu'ils cultivaient de père en fils. — Au IXe siècle, presque toutes les propriétés sont devenues bénéfices héréditaires.

Changement des magistratures révocables en magistratures héréditaires. — Comtes, ducs, margraves; ils acquièrent des propriétés particulières dans les provinces où ils sont envoyés temporairement comme lieutenants du roi : ils sont soumis durant le règne de Charlemagne à la surveillance active des *missi dominici*. Mais après Charlemagne la diversité des races, l'absence de tout intérêt général, les incursions des Northmans et des Sarrasins amènent la division de l'Empire en royaumes, puis celle des royaumes en un grand nombre de petites sociétés, à peu près étrangères les unes aux autres. Cet isolement croissant est constaté par l'édit de Kiersy-sur-Oise, qui prépare la destruction du gouvernement central, en consacrant l'hérédité des comtés. Les comtes peuvent dès lors léguer à leurs fils leurs propriétés avec tous les droits qu'ils exerçaient d'abord temporairement au nom du roi, comme de lever des impôts, d'être suzerains de tous les hommes libres du comté, de leur rendre la justice, etc. Autant il y avait eu de lieutenants du roi, autant il y eut de souverains indépendants. A la fin du x⁰ siècle, la France contient cinquante-trois fiefs, dont les possesseurs ne reconnaissent sur leurs terres aucune autorité supérieure à la leur. — Les principaux de ces grands vassaux sont le duc de Gascogne, les comtes de Toulouse, de Poitiers, d'Aquitaine, d'Auvergne, de Périgord et de la Haute-Marche, de Champagne, de Valois, d'Anjou, du Maine, de Bretagne, de Flandre, le duc de Normandie.

La féodalité constituée. — Cependant la hiérarchie, établie par le changement de toutes les propriétés en terres bénéficiaires, subsiste. Le roi (*le grand fieffeux de France*), est suzerain des propriétaires de tous les grands fiefs, suzerains eux-mêmes d'une foule de seigneurs qui résident la plupart dans les châteaux forts, dont les campagnes se sont couvertes pour arrêter les incursions des Northmans. — Devoirs réciproques du suzerain et du vassal; services féodaux. — *Garanties pour la conservation de cette société.* — Cours des pairs, duel judiciaire, guerres privées.

Ce système est dans toute sa force vers l'an 1000. Quelques-uns des grands vassaux surpassent en puissance le roi, alors réduit à l'Ile-de-France; mais il a pour lui un vieux droit, une supériorité titulaire, qu'il changera en une supériorité réelle aussitôt qu'il aura la force. Sous les premiers Capétiens la royauté sommeille; elle s'éveille avec Louis le Gros, qui commence à lutter contre la féodalité. C'est d'abord une lutte à coups de lances, plus tard viendra la lutte légale.

CHAPITRE VIII

Au moment de la croisade, l'islamisme vieillissait, le christianisme était florissant de vigueur et de jeunesse. Le pouvoir spirituel, esclave du temporel en Asie, le balançait, le primait en Europe; il venait de se retremper par la réforme de Grégoire VII. Le califat tombait, et la papauté s'élevait. Le mahométisme se divisait, le christianisme s'unissait. Le premier ne pouvait attendre qu'invasion et ruine; et en effet il ne résista qu'en recevant les Mongols et les Turcs, c'est-à-dire en devenant barbare.

Il y avait déjà longtemps que l'ébranlement avait commencé. Depuis l'an mil surtout,

depuis que l'humanité croyait avoir chance de
vivre et espérait un peu, une foule de pèlerins
prenaient leur bâton et s'acheminaient, les uns
à Saint-Jacques, les autres au mont Cassin,
aux Saints-Apôtres de Rome, et de là à Jérusalem. Les pieds y portaient d'eux-mêmes. C'était
pourtant un dangereux et pénible voyage. Heureux qui revenait ! plus heureux qui mourait
près du tombeau du Christ, et qui pouvait lui
dire, selon l'audacieuse expression d'un con-
temporain : « Seigneur, vous êtes mort pour
moi, je suis mort pour vous ! »

Les Arabes, peuple commerçant, accueil-
laient bien d'abord les pèlerins. Les Fatemites
d'Égypte, ennemis secrets du Coran, les traitèrent bien encore. Tout changea lorsque le calife
Hakem, fils d'une chrétienne, se donna lui-
même pour une incarnation. Il maltraita cruellement les chrétiens qui prétendaient que le
messie était déjà venu, et les juifs qui s'obstinaient à l'attendre encore. Dès lors on n'aborda
guère le saint tombeau qu'à condition de l'ou-
trager.

Mais les fatigues, les avanies ne rebutaient
pas les pèlerins. Ces hommes si fiers, qui pour
un mot auraient fait couler dans leur pays des

torrents de sang, se soumettaient pieusement à toutes les bassesses qu'il plaisait aux Sarrasins d'exiger. Le duc de Normandie, les comtes de Barcelone, de Flandre, de Verdun, accomplirent dans le ixe siècle ce rude pèlerinage. L'empressement augmentait avec le péril; seulement les pèlerins se mettaient en plus grandes troupes.

En 1054, l'évêque de Cambrai tenta le voyage avec trois mille Flamands et ne put arriver. Treize ans après, les évêques de Mayence, de Ratisbonne, de Bemberg et d'Utrecht, s'associèrent à quelques chevaliers normands, et formèrent une petite armée de sept mille hommes. Ils parvinrent à grand'peine, et deux mille tout au plus revirent l'Europe.

Cependant les Turcs, maîtres de Bagdad et partisans de son calife, s'étant emparés de Jérusalem, y massacrèrent indistinctement les Alides et les chrétiens. L'empire grec, resserré chaque jour, vit leur cavalerie pousser jusqu'au Bosphore, en face de Constantinople. D'autre part les Fatemites tremblaient derrière les remparts de Damiette et du Caire. Ils s'adressèrent, comme les Grecs, aux princes de l'Occident.

Alexis Comnène était déjà lié avec le comte de Flandre, qu'il avait accueilli magnifiquement à son passage; ses ambassadeurs célébraient avec le génie hâbleur des Grecs les richesses de l'Orient, les empires, les royaumes qu'on pouvait y conquérir.

Les entreprises que les Normands venaient d'accomplir au nom du saint-siège avaient été trop indépendantes les unes des autres, et aussi trop égoïstes, trop intéressées pour réaliser la pensée de Grégoire VII et de ses successeurs : l'unité de l'Europe sous le pape, et l'abaissement des deux empires. Pour approcher de ce grand but de l'unité, il fallait que l'Église s'en mêlât, que le christianisme vînt au secours.

Le monde du xiᵉ siècle avait, dans sa diversité, un principe commun de vie, la religion, une forme commune, féodale et guerrière. Une guerre religieuse pouvait seule l'unir; il ne devait oublier les diversités de races et d'intérêts politiques qui le déchiraient, qu'en présence d'une diversité générale et plus grande. L'Europe ne pouvait se croire une et le devenir, qu'en se voyant en face de l'Asie.

C'est à quoi travaillèrent les papes, dès l'an mil. Un pape français, Gerbert, Sylvestre II, avait écrit aux princes chrétiens, au nom de Jérusalem. Grégoire VII eût voulu se mettre à la tête de cinquante mille chevaliers pour délivrer le Saint-Sépulcre.

Ce fut Urbain II, Français comme Gerbert, qui en eut la gloire. L'Allemagne avait sa croisade en Italie; l'Espagne chez elle-même. La guerre sainte de Jérusalem, résolue en France au concile de Clermont, prêchée par le Français Pierre l'Hermite, fut accomplie surtout par des Français. Les croisades eurent leur idéal en deux Français : Godefroi de Bouillon les ouvre; elles sont fermées par saint Louis. Il appartenait à la France de contribuer plus que tous les autres au grand événement qui fit de l'Europe une nation.

Celui qui contribua, dit-on, le plus puissamment par son éloquence au mouvement populaire, ce fut un Picard, qu'on nommait trivialement *Coucou Piètre* (Pierre Capuchon, ou Pierre l'Hermite, *à cucullo*). Au retour d'un pèlerinage à Jérusalem, il décida le pape français Urbain II à prêcher la croisade à Plaisance, puis à Clermont (1095). La prédication fut à peu près inutile en Italie; en France tout le monde prit la croix. Au concile de Clermont, les étoffes, les vêtements rouges, furent mis en pièces et n'y suffirent pas.

Le peuple partit sans rien attendre, laissant les princes délibérer, s'armer, se compter, hommes de peu de foi; les petits ne s'inquiétaient de rien de tout cela : ils étaient sûrs d'un miracle. Dieu en refuserait-il un à la délivrance du Saint-Sépulcre?... Pierre l'Hermite marchait à la tête, pieds nus, ceint d'une corde. D'autres suivirent un brave et pauvre chevalier, qu'ils appelaient *Gautier sans Avoir*. Quelques Allemands imitèrent les Français, et partirent, sous la conduite d'un des leurs, nommé Gottschalk.

Chemin faisant, ils prenaient, pillaient, se payaient d'avance de leur sainte guerre. Tout ce qu'ils pouvaient trouver de juifs, ils les faisaient périr dans les tortures. Ils croyaient devoir punir les meurtriers du Christ avant de délivrer son tombeau. Ils arrivèrent ainsi, farouches, couverts de sang, en Hongrie et dans l'empire grec. Ces bandes féroces y firent horreur; on les suivit à la piste, on les chassa comme des bêtes fauves. Ceux qui restaient, l'empereur leur fournit des vaisseaux, et les fit passer en Asie, comptant sur les flèches des Turcs.

Les Normands d'Italie ne furent pas les derniers à la croisade : ils comptaient bien y faire leurs affaires. Un certain Bohémond, bâtard de Robert l'Avisé et non moins avisé que son père, n'avait rien eu en héritage que Tarente et son épée. Un Tancrède, Normand par sa mère, mais à ce qu'on croit, Piémontais du côté paternel, prit aussi les armes.

Mais quelques grandes choses qu'ils aient faites, la voix du peuple, qui est celle de Dieu, a donné la gloire de la croisade à Godefroi, fils du comte de Boulogne, margrave d'Anvers, duc de Bouillon et de Lothier, roi de Jérusalem. Dès que la croisade fut publiée, il vendit ses terres à l'évêque de Liège, et partit pour la Terre Sainte. Dix mille chevaliers le suivirent avec soixante-dix mille hommes de pied, Français, Lorrains, Allemands. Godefroi appartenait aux deux nations ; il parlait les deux langues.

Le rendez-vous des croisés était à Constantinople. Telle fut l'habileté de l'empereur, Alexis Comnène, qu'il trouva moyen de décider ces conquérants, qui pouvaient l'écraser, à lui faire hommage et lui soumettre d'avance leur conquête. Hugues, frère du roi de France, jura d'abord, puis Bohémond, puis Godefroi. Les Grecs voulaient recouvrer Nicée, ils y menèrent les croisés; les assiégés s'effrayèrent, et traitèrent de préférence avec Alexis.

Les croisés continuèrent leur route au midi, jusqu'à Antioche, que Bohémond eut l'adresse de se faire livrer; ils trouvèrent dans cette grande ville une abondance funeste après tant de jeûnes. L'épidémie les emporta en foule. Bientôt les vivres prodigués s'épuisèrent, et ils se trouvaient réduits de nouveau à la famine, quand une armée innombrable de Turcs vint les assiéger dans leur conquête. Leur situation semblait désespérée, lorsque la découverte de la sainte lance qui avait percé le côté de Jésus-Christ, vint à propos les ranimer, et leur donna la victoire.

Arrivés sous les murs de Jérusalem, ils n'étaient plus que vingt-cinq mille, et la ville était, dit-on, défendue par quarante mille hommes : il fallut se résigner aux lenteurs d'un siège, s'établir dans cette campagne désolée, sans arbres et sans eau. Enfin les croisés ayant fait pieds nus, pendant huit jours, le tour de Jérusalem, toute l'armée attaqua; une tour roulante fut approchée des murs, et le vendredi 15 juillet 1099, à trois heures, à l'heure et au jour même de la Passion, Godefroi de Bouillon descendit de cette tour sur les murailles de Jérusalem. La ville prise, le massacre fut effroyable.

Godefroi fut élu roi de Jérusalem, et n'accepta que le titre de baron du Saint-Sépulcre. La bataille d'Ascalon qu'il gagna sur les Fatemites d'Égypte, commençait une guerre éternelle; les croisés s'en lassèrent, et Godefroi put à peine garder trois cents chevaliers.

La féodalité s'organisa à Jérusalem dans une forme plus sévère encore que dans aucun pays de l'Occident. L'ordre hiérarchique et tout le détail de la justice féodale fut réglé dans les fameuses Assises de Jérusalem par Godefroi et ses barons. Il y eut un prince de Galilée, un marquis de Jaffa, un baron de Sidon. La Judée était devenue une France. Notre langue, portée par les Normands en Angleterre et en Sicile, le fut en Asie par la croisade. Elle succéda, comme langue politique, à l'universalité de la langue latine, depuis l'Arabie jusqu'à l'Irlande. Le nom de Francs devint le nom commun des Occidentaux [1].

----

1. *Littérature du* ixe *au* xie *siècle.* — L'esprit théologique et l'esprit philosophique, réunis dans Alcuin au viiie siècle, ont, au ixe, chacun un représentant : l'esprit philosophique dans Jean Scot, mort vers 875; l'esprit théologique dans Hincmar, archevêque de Reims, mort en 882. Hincmar est soutenu par Jean Scot dans sa dispute contre le mystique Gottschalk.

Au-dessous de ces deux hommes se trouvent un assez grand nombre d'écrivains, dont les travaux sont peu variés et souvent peu importants : Saint Benoît d'Aniane, mort en 821; saint Abbon, vers 824; Nigellus (écrivait en) 826; saint Ansegise, 833; Thégan, vers 846; Walfred Strabon, 849; Rabanus Maurus, 856; Nithard, vers 859; Florus, 860; saint Remi, 875; saint Adon, 875; saint Odon, 942; Flodoard, 966; Gerbert, 1003; Aimoin, 1008; Fulbert, 1028; Raoul Glaber, vers 1050; Jean de Garlande, 1081; Bérenger, 1088, Lanfranc, 1089; Roscelin, 1094.

CHAPITRE IX

I

LES COMMUNES

Quels qu'eussent été les maux de la croisade, elle avait eu plus d'un utile résultat. L'Europe et l'Asie s'étaient reconnues; les haines d'ignorance avaient déjà diminué. Parmi les chrétiens eux-mêmes, les nobles et le peuple s'étaient rapprochés, l'humanité recommençait à s'honorer elle-même dans les plus misérables conditions.

Les premières révolutions communales précèdent ou suivent de près l'an 1100. C'est par les villes que devait commencer la liberté, par les villes du centre de la France, qu'elles s'appelassent villes privilégiées ou communes,

qu'elles eussent obtenu ou arraché leurs franchises.

L'occasion, en général, fut la défense des
populations contre l'oppression et les brigandages des seigneurs féodaux ; en particulier, la
défense de l'Ile-de-France contre le pays féodal
par excellence, contre la Normandie. « A cette
époque (1119), dit Orderic Vital, la communauté
populaire fut établie par les évêques, de sorte
que les prêtres accompagnassent le roi aux
sièges ou aux combats, avec les bannières de
leurs paroisses et tous les paroissiens. »

Cette révolution s'accomplit partout sous
mille formes et à petit bruit. Elle n'a été remar-
quée que dans quelques villes de l'Oise et de la
Somme, qui, placées dans des circonstances
moins favorables, partagées entre deux seigneurs laïques et ecclésiastiques, s'adressèrent
au roi pour faire garantir solennellement des
concessions souvent violées, et maintinrent une
liberté précaire au prix de plusieurs siècles de
guerres civiles. C'est à ces villes qu'on a plus
particulièrement donné le nom de *communes*.
Les premières furent Noyon, Beauvais, Laon,
les trois pairies ecclésiastiques. Joignez-y le
Mans et Saint-Quentin. Ces villes furent encou-

ragées par l'exemple de Cambrai et des villes de la Belgique.

Etablissement et progrès des communes, de Louis VI à Philippe III. — Il y eut trois classes de villes au moyen âge. 1° Celles qui conservèrent le régime municipal romain. Périgueux, Bourges, Marseille, Arles, Toulouse, Narbonne, Nîmes, Metz, etc. Ces villes n'eurent pas besoin de chartes concédées par le seigneur féodal : leurs privilèges municipaux étaient antérieurs à la féodalité. — 2° Villes de bourgeoisie. Pour augmenter la population de leurs domaines, et par là leurs revenus et leur force militaire, les seigneurs concèdent aux habitants de leurs villes des privilèges plus ou moins étendus qui leur garantissent la jouissance de quelques droits civils, mais non l'indépendance. Le gouvernement intérieur de ces villes est toujours subordonné à un prévôt du seigneur. Ainsi Orléans, Paris, etc., etc. — 3° Villes de communes. Avec le progrès de la richesse, les tentations de résistance de la part des bourgeois opprimés par leurs seigneurs devinrent de jour en jour plus fréquentes. Au xii° siècle, insurrections nombreuses, mais non concertées.

Toutes ces petites guerres se terminent, les unes par la ruine des bourgeois, les autres par des traités ou chartes qui confèrent aux bourgeois le droit de se gouverner eux-mêmes, réduisent toutes les anciennes charges et redevances au payement annuel d'une certaine somme, et renferment quelquefois des lois de police et des lois pénales et civiles. Les communes les plus fortes et les plus glorieuses sont celles de Laon', Vézelay, Amiens, Saint-Quentin, Beauvais, Noyon, Soissons, Roye, etc.

La révolution communale qui avait éclaté à la fin du xi° siècle, continue durant tout le xii°; près de quarante communes sont fondées sous Philippe-Auguste. Mais, après lui, ce mouvement semble s'arrêter. A la fin du xiii°, les communes sont en décadence. Saint Louis et Philippe IV commencent à moins respecter l'indépendance et les privilèges divers des communes de leurs domaines; ils font des règlements généraux et prescrivent les mêmes mesures pour toutes leurs villes communales. Peu à peu

On a dit que le roi avait fondé les communes. Le contraire est tout aussi vrai ; les communes ont fondé la royauté. Sans elles, le roi n'aurait pas repoussé les Normands ; ces conquérants de l'Angleterre et des Deux-Siciles, auraient probablement conquis la France. Ce sont les communes, ou pour employer un mot plus général et plus exact, ce sont les *bourgeoisies*, qui, sous la bannière du saint de la paroisse, conquirent la paix publique entre l'Oise et la Loire ; et le roi à cheval portait en tête la bannière de l'abbaye de Saint-Denis. Il avait pour lui la bourgeoisie naissante et l'Église.

La féodalité avait tout le reste, la force et la gloire. Que lui opposait-il ? peu de chose, à ce qu'il semble ; ce qu'on ne peut ni voir ni toucher... le droit ; un vieux droit rafraîchi de Charlemagne, mais prêché par les prêtres : l'Église avait trop besoin d'un chef militaire contre les barons pour abandonner jamais le roi.

les communes rentrent dans la classe des villes de bourgeoisie.

Les libertés communales périssent parce que les villes sont hostiles aux campagnes, parce qu'au-dessus de leurs seigneurs immédiats les communes rencontrent un suzerain plus puissant. le roi, qui d'abord les aide, puis les affaiblit, les détruit, à mesure qu'il hérite des droits des seigneurs féodaux.

Louis VI, qui, dans sa vieillesse, fut appelé le Gros, avait été d'abord surnommé l'*Éveillé*. Son règne est le réveil de la royauté.

Plus vaillant que son père, plus docile à l'Église, c'est pour elle qu'il fit ses premières armes, pour l'abbaye de Saint-Denis, pour les évêchés d'Orléans et de Reims. Le roi et les comtes de Blois et de Champagne, s'efforçaient de mettre un peu de sécurité entre la Loire, la Seine et la Marne, petit cercle resserré entre les grandes masses féodales de l'Anjou, de la Normandie, de la Flandre; celle-ci avançait alors jusqu'à la Somme. La croisade fit la fortune du roi; il y gagna le fort château de Montlhéry, le comté de Bourges, etc.; il y gagna surtout l'absence des grands barons qui gênaient ses desseins.

Mais les Normands étaient restés; ils avaient en Angleterre leur croisade. C'est ce voisinage qui faisait le danger de la position du roi, mais qui le rendait cher aux églises et aux bourgeoisies du centre de la France. Ils avaient pris Gisors au mépris des conventions, et de là dominaient le Vexin presque jusqu'à Paris. Ces conquérants ne respectaient rien. La toute petite royauté de France ne leur aurait pas tenu tête sans la jalousie de la Flandre et de l'Anjou.

Les Normands n'eurent aucun avantage décisif; ils n'employaient contre le roi de France que la moindre partie de leurs forces. Dans la réalité, la Normandie n'était pas chez elle, mais en Angleterre. Leur victoire à Brenneville, dans un combat de cavalerie où les deux rois se rencontrèrent et firent assez bien de leur personne, n'eut point de résultat. Dans cette célèbre bataille du xiiᵉ siècle, il y eut, dit Orderic Vital, trois hommes de tués (1119).

Cette défaite fut cruellement vengée par les milices des communes qui pénétrèrent en Normandie et y commirent d'affreux ravages. Elles étaient conduites par les évêques eux-mêmes, qui ne craignaient rien tant que de tomber sous la féodalité normande.

Henri Beauclerc avait supplanté son frère Robert. Louis le Gros prit sous sa protection Guillaume Cliton, fils de Robert. Il essaya en vain de l'établir en Normandie, mais il l'aida à se faire comte de Flandre.

Plus lointaines encore et non moins éclatantes furent ses expéditions dans le Midi. A l'époque de la croisade, le comte de Bourges avait vendu au roi son comté. Par là il eut un pied dans le Midi. En 1115, il vint protéger le seigneur du Bourbonnais ; par deux fois il fit une espèce de croisade en faveur de l'évêque de Clermont, opprimé par le comte d'Auvergne. Quelques années après, l'évêque du Puy-en-Vélay demanda un privilège au roi de France, prétextant l'absence de son seigneur, le comte de Toulouse, qui était alors à la Terre Sainte. Dès l'année 1100, le comté de Barcelone lui avait demandé les secours contre les Almoravides.

On vit dès l'an 1124 combien le roi était devenu puissant. L'empereur Henri V, excommunié au concile de Reims, gardait rancune aux évêques et au roi. Son gendre, Henri Beauclerc, l'engageait d'ailleurs à envahir la France. L'empereur en voulait, dit-on, à la ville de Reims. A l'instant toutes les milices s'armèrent, et les grands seigneurs envoyèrent leurs hommes.

Telle fut, après la première croisade, la résurrection du roi et du peuple. Peuple et roi se mirent en marche sous la bannière de Saint-Denis. *Montjoie saint Denis* ! fut le cri de la France. Saint-Denis et l'Église, Paris et la royauté, en face l'une de l'autre. Il y eut un centre, et la vie s'y porta, un cœur de peuple y battit.

Le premier signe, la première pulsation, c'est l'élan des écoles à la voix d'Abailard. La liberté, qui sonnait si bas dans le beffroi des communes de Picardie, éclata dans l'Europe par la voix du logicien breton. Et le disciple d'Abailard, Arnaldo de Brescia, fut l'écho qui réveilla l'Italie. Les petites communes de France eurent, sans s'en douter, des sœurs dans les cités lombardes, et dans Rome, cette grande commune du monde antique.

De grands signes apparaissaient : les Vaudois avaient traduit la Bible en langue vulgaire ; les Instituts furent aussi traduites ; le droit fut enseigné en face de la théologie, à Orléans et à Angers. L'existence seule de l'école de Paris était une nouveauté immense. Les idées, jusque-là dispersées, surveillées dans les diverses écoles ecclésiastiques, allaient converger vers un centre.

Ce grand nom d'*Université* commençait dans la capitale de la France au moment où l'universalité de la langue français se semblait presque accomplie. Les conquêtes des Normands, la première croisade, l'avaient porté partout, ce puissant idiome philosophique, en Angleterre, en Sicile, à Jérusalem. Cette circonstance seule donnait à la France, à la France centrale, à Paris, une force prodigieuse d'attraction. Le *français de Paris* devint peu à peu proverbial. La féodalité avait trouvé dans la ville royale son centre politique; cette ville allait devenir la capitale de la pensée humaine.

Cette révolution, qui commençait dans les idées et dans les mœurs, fut de bonne heure sensible dans le droit. Exclues jusque-là des successions par la barbarie féodale, les femmes y rentrent partout dans la première moitié du xiie siècle : en Angleterre, en Castille, en Aragon, à Jérusalem, en Bourgogne, en Flandre, Hainaut, Vermandois, en Aquitaine, Provence et bas Languedoc. La rapide extinction des mâles, l'adoucissement des mœurs et le progrès de l'équité, rouvrent les héritages aux femmes. Elles portent avec elles les souverainetés dans des maisons étrangères; elles mêlent le monde, elles accélèrent l'agglomération des États, et préparent la centralisation des grandes monarchies. Une seule, entre les maisons royales, celle des Capets, ne reconnaîtra point le droit des femmes, et restera à l'abri des mutations

qui transfèrent les autres États d'une dynastie
à une autre.

Louis le Gros, sur son lit de mort, reçut le
prix de la réputation d'honnêteté qu'il avait
acquise à sa famille. Le plus riche souverain
de la France, le comte de Poitiers et d'Aquitaine, qui se sentait aussi mourir, ne crut pouvoir mieux placer sa fille Éléonore et ses vastes
États qu'en les donnant au jeune Louis VII, qui
succéda bientôt à son père (1137) [1].

1. *Résumé chronologique du règne de Louis VI.* — Louis VI
associé à la couronne (1098 ou 1099). — Tentative de Bertrade pour se défaire de lui. — Il reste maître du gouvernement : il ne possède que Paris, Compiègne, Melun,
Étampes, Orléans. — Entre Étampes et Paris, Montlhéry;
entre Paris et Orléans, le Puiset; entre Paris et Melun,
Corbeil. Durant tout son règne, il s'efforce d'établir la
sûreté des routes entre les villes de son domaine, protège
leur commerce, leur accorde quelques privilèges, mais
point le droit de commune. — 1106. Après deux ans de
guerre, il épouse l'héritière de Montlhéry. — 1107. Guerre
de Louis dans la vicomté de Bourges, achetée depuis six
ans. — Louis roi (1108). — 1111-15, guerres contre Hugues
du Puiset, contre les sires de Coucy, contre Aymon de
Bourbon, contre Henri d'Angleterre pour le château de
Gisors (1109-1114). — 1117. Nouvelle guerre contre Henri Ier.
Louis prend la défense de Cliton, fils de Robert. — 1119.
Défaite de Louis à Brenneville; paix ménagée par le pape.
— 1121. Louis étend sa juridiction sur l'Auvergne à la
faveur des démêlés du comte d'Auvergne et de l'évêque
de Clermont. — 1124. Le roi d'Angleterre menacé d'une
défection des barons normands en faveur de Cliton, que
soutient Louis VI, appelle l'empereur en France. —
Louis VI donne, en 1126, le comté de Flandre à Cliton. —
1128-32. Guerres contre le comte d'Évreux, qui se soumet,

Le jeune roi avait été élevé bien dévotement dans le cloître de Notre-Dame. Toutefois, il commença par se brouiller avec le comte de Champagne, et se faire excommunier par le pape. Il brûla Vitry ; treize cents hommes périrent dans les flammes. Cet horrible événement lui brisa le cœur ; il devint tout à coup docile au pape, se réconcilia à tout prix avec lui. Il prit la croix. Suger, son précepteur et son ministre, voulut en vain l'en détourner. Il n'y avait plus cette fois l'immense entraînement de la première croisade. Saint Bernard, qui prêcha celle-ci, refusa d'y aller lui-même et de guider l'armée, comme on l'en priait (1147).

L'empereur Conrad précéda Louis VII. Ils furent également malheureux. Les Allemands furent détruits dans les montagnes et les défilés de l'Asie-Mineure. Les Français arrivèrent épuisés à Satalie dans le golfe de Chypre ; là,

le sire de Coucy qui est tué, et le comte de Champagne et de Blois qui perd quelques châteaux. — Mort de Louis VI (1137). — Louis VI paraît n'avoir confirmé que huit, et peut-être seulement six chartes de communes ; celles des villes de Noyon, Beauvais, Soissons, Amiens et Saint-Riquier, sur la demande des évêques de ces villes et de l'abbaye de Saint-Riquier ; celle de Laon ne fut confirmée qu'après seize années de guerre en 1128 ; les chartes des communes de Saint-Quentin et d'Abbeville furent concédées par les comtes de ces deux villes.

tous les barons déclarèrent qu'ils iraient par mer en Antioche. Ceux qui ne pouvaient payer furent abandonnés. Conrad et Louis VII se réunirent à la Terre Sainte; mais leur rivalité fit manquer le siège de Damas qu'ils avaient entrepris, et ils retournèrent honteusement en Europe.

Dans cette triste expédition, la fière et violente Éléonore avait appris à mépriser son époux; elle obtint le divorce, et le Midi de la France fut encore une fois isolé du Nord.

II

HENRI II D'ANGLETERRE ET THOMAS BECKET

Le divorce fut prononcé le 18 mars 1152, et, dès la Pentecôte, Henri Plantagenêt, duc d'Anjou, petit-fils de Guillaume le Conquérant, duc de Normandie, bientôt roi d'Angleterre, avait épousé Éléonore, et avec elle la France occidentale, de Nantes aux Pyrénées. Avant même qu'il fût roi d'Angleterre, ses États se trouvaient deux fois plus étendus que ceux du roi de France; il prit encore l'Anjou, le

Maine et la Touraine à son frère qui réclama vainement la protection de Louis VII, et le laissa en dédommagement se faire élire duc de Bretagne (1156). Il réduisit la Gascogne, il gouverna la Flandre, comme tuteur et gardien, en l'absence du comte. Il prit le Quercy au comte de Toulouse, et il aurait pris Toulouse elle-même, si le roi de France ne s'était jeté dans la ville pour la défendre (1159). Le Toulousain fut du moins obligé de lui faire hommage. Allié du roi d'Aragon comte de Barcelone et de Provence, il voulait pour un de ses fils une princesse de Savoie, afin d'avoir un pied dans les Alpes, et de tourner toute la France par le Midi. Au centre, il réduisit le Berri, le Limousin, l'Auvergne, il acheta la Marche. Il eut même le secret de détacher les comtes de Champagne de l'alliance du roi. Enfin à sa mort il possédait les pays qui répondent à quarante-sept de nos départements, et le roi de France n'en avait pas vingt.

Henri eut d'abord une grande popularité. Il avait été élevé à Angers, l'une des villes d'Europe où la jurisprudence avait été professée de meilleure heure. C'était l'époque de la résurrection du droit romain, qui, sous tant de rapports, devait être celle du pouvoir monarchique et de l'égalité civile. Le fameux Italien Lanfranc, l'homme de Guillaume le Conquérant, le primat de la conquête, avait d'abord enseigné à Bologne et concourut à la restauration du droit. L'angevin Henri, nouveau conquérant de l'Angleterre, prit pour son Lanfranc un élève de Bologne, qui avait aussi étudié le droit à Auxerre, Thomas Becket, le fils d'un Saxon et d'une Sarrasine : il en fit son chancelier et le précepteur de son fils. Il suivit ses conseils pour l'abaissement de l'aristocratie, achetant des soldats mercenaires en Flandre, en Bretagne, dans le pays de Galles, dans le Midi de la France.

Le clergé seul pouvait payer l'entretien de ces armées; il avait été richement doté par la conquête. Henri voulut avoir dans sa main la tête de l'église anglicane; je veux dire l'archevêché de Kenterbury. C'était presque un patriarcat, une royauté ecclésiastique, indispensable pour compléter l'autre. Henri résolut de la prendre pour lui en la donnant à un second lui-même, à son ami Becket. Mais celui-ci prit au sérieux sa nouvelle dignité. Le chancelier, le mondain, le courtisan, se ressouvint tout à coup qu'il était peuple. Il s'éloigna du roi et résigna la charge de chancelier.

Heureusement pour Henri, les évêques étaient plus barons qu'évêques : l'intérêt temporel touchait ces Normands tout autrement que celui de l'Église. La plupart se déclarèrent pour le roi, et se tinrent prêts à jurer ce qu'il lui plairait. Il leur fit signer la suppression des tribunaux ecclésiastiques et du *bénéfice de clergie*.

Ces droits donnaient lieu à de grands abus sans doute ; bien des crimes étaient impunément commis par des prêtres ; mais quand on songe à l'épouvantable barbarie, à la fiscalité exécrable des tribunaux laïques au xiie siècle, on est obligé d'avouer que la juridiction ecclésiastique était alors une ancre de salut. Elle pouvait épargner des coupables ; mais combien elle sauvait d'innocents ! L'Église était la seule voie par où les races méprisées pussent reprendre quelque ascendant. On le voit par l'exemple des deux Saxons Breakspear (Adrien IV) et Becket. Les libertés de l'Église étaient alors celles du monde.

Ce qu'il y eut de grand, de magnifique et de terrible dans la destinée de Becket, c'est qu'il se trouva chargé, lui faible individu et sans secours, des intérêts de l'Église universelle, qui étaient ceux du genre humain. Ce rôle, qui semblait appartenir au pape, et que Grégoire VII avait soutenu, Alexandre III n'osa le reprendre; il en avait bien assez de sa lutte contre l'antipape, contre Frédéric Barberousse, le conquérant de l'Italie. Il était réfugié à Sens, lorsque Becket vint aussi en France chercher un asile. Le pape eut peur de prendre parti, et de se mettre un nouvel ennemi sur les bras. Il condamna plusieurs articles des constitutions de Clarendon, mais refusa de voir Thomas, et se contenta de lui écrire qu'il le rétablissait dans sa dignité épiscopale. Son unique soutien, c'était le roi de France. Louis VII était trop heureux de l'embarras où cette affaire mettait son rival. C'était d'ailleurs, comme on a vu, un prince singulièrement doux et pieux. L'évêque persécuté pour la défense de l'Église, était pour lui un martyr. Aussi l'accueillit-il avec faveur, ajoutant que la protection des exilés était l'un des anciens fleurons de la couronne de France.

Cependant Becket, ayant résolu de revoir à tout prix son église, osa retourner en Angleterre. A la nouvelle de son débarquement, le roi indigné s'écria : « Quoi! un homme qui a mangé mon pain, un misérable qui est venu à ma cour sur un cheval boiteux, foulera aux pieds la royauté! Le voilà qui triomphe, et qui s'assoit sur mon trône! et pas un des lâches que je nourris n'aura le cœur de me débarrasser de ce prêtre! » C'était la seconde fois que ces paroles homicides sortaient de sa bouche, mais alors elles n'en tombèrent pas en vain. Quatre des chevaliers de Henri se crurent déshonorés s'ils laissaient impuni l'outrage fait à leur seigneur. Telle était la force du lien féodal, telle la vertu du serment réciproque. Ils tuèrent Becket dans son église. Un d'eux poussa du pied le cadavre, en disant : « Qu'ainsi meure le traître qui a troublé le royaume et fait insurger les Anglais » (1170).

Le roi Henri se trouvait dans un grand danger; tout le monde lui attribuait le meurtre. Le roi de France, le comte de Champagne, l'avaient solennellement accusé par-devant le pape. L'archevêque de Sens, primat des Gaules, avait lancé l'excommunication. Ceux mêmes qui lui devaient le plus s'éloignaient de lui avec horreur. Il apaisa la clameur publique à force d'hypocrisie. Mais voilà que bientôt après son fils aîné, le jeune roi Henri, réclame sa part du royaume et déclare qu'il veut venger la mort de celui qui l'a élevé, du saint martyr Thomas de Kenterbury. Le roi lui-même, en servant son fils à table au jour de son couronnement, avait dit imprudemment qu'il abdiquait. Les fils d'Henri avaient encore une excuse spécieuse. Ils étaient encouragés, soutenus par le roi de France, seigneur suzerain de leur père. Le lien féodal passait alors pour supérieur à tous ceux de la nature.

Henri II se hâta d'engager des mercenaires, des routiers brabançons et gallois. Il acheta à tout prix la faveur de Rome. Il se déclara vassal du saint-siège pour l'Angleterre comme pour l'Irlande; il ne crut pas en avoir fait assez; il alla nu-pieds à Kenterbury se faire flageller sur le tombeau du martyr.

Mais la fortune ne se lassa pas de le frapper. Ce fut son sort dans ses dernières années, d'être le persécuteur de sa femme et l'exécration de ses fils. Il aimait surtout deux de ses fils, Henri et Geoffroy : ils moururent. Il lui en restait deux : le féroce Richard, le lâche et perfide Jean. Richard en sa présence même abjura son hommage, et se déclara vassal du nouveau roi de France, Philippe-Auguste. Le vieux roi se trouva attaqué de toutes parts à la fois. Malgré l'intercession de l'Église, il fut obligé d'accepter la paix que lui dictèrent Philippe et Richard; il fallut qu'il s'avouât expressément vassal du roi de France, et se remît à sa miséricorde. Il demanda les noms des partisans de Richard; le premier qu'on lui nomma fut Jean son fils. Il était alors malade et alité, il ne s'en releva pas (1189).

La chute d'Henri II fut un grand coup pour la puissance anglaise. Toutefois ce ne fut point au pape que profita réellement la mort de saint Thomas et l'abaissement de Henri, mais bien plutôt au roi de France. C'est lui qui avait donné asile au saint persécuté. Le pape lui-même, lorsque l'empereur l'avait chassé de l'Italie, était venu chercher un asile en France. Aussi, quoique plus d'une fois il protégeât l'Angleterre quand la France la menaçait, c'est avec celle-ci qu'étaient ses relations les plus intimes, les moins interrompues. Le seul prince sur qui l'Église pût compter, c'était le roi de France, ennemi de l'Anglais, ennemi de l'Allemand. En toute occasion grande et petite, les évêques lui prêtaient leurs milices.

Comment le clergé n'eût-il pas défendu ces

rois élevés par ses mains, et recevant de lui une éducation toute cléricale? Louis VI fut élevé à l'abbaye de Saint-Denis, et Louis VII dans le cloître de Notre-Dame. Il faisait trois carêmes, égalant ou surpassant les austérités des moines. Protecteur de Thomas de Kenterbury, il risqua un voyage périlleux en Angleterre pour visiter le tombeau du saint. Que dis-je? le roi de France n'était-il pas saint luimême? Philippe Ier, Louis le Gros, Louis VII, touchaient les écrouelles, et ne pouvaient suffire à l'empressement du simple peuple. Le roi d'Angleterre ne se serait pas avisé de revendiquer ainsi le don des miracles.

Aussi le roi de France grandissait-il, et selon Dieu, et selon le monde. Vassal de Saint-Denis, depuis qu'il avait acquis le Vexin, il plaçait le drapeau de l'abbaye, l'oriflamme, à son avant-garde. Il avait mis dans ses armes la mystique fleur de lis, où le moyen âge croyait voir la pureté de sa foi. Comme protecteur des églises, il touchait la régale pendant les vacances, et s'essayait à imposer quelques sommes au clergé, sous prétexte de croisade.

Résumé chronologique du règne de Louis VII.

1137. Louis VII roi. — Il se fait couronner à Bourges. — 1138. Voyage dans le Midi de la France, renouvelé en 1154. — Exercice de l'autorité royale au Puy-en-Velay, à Limoges, à Angoulême, dans l'Aunis. — 1141. Guerre contre le comte de Toulouse. — 1142. Guerre contre Thibaud de Champagne, qui soutient un archevêque de Bourges, nommé par Innocent II et repoussé par le roi. Incendie de Vitry. — 1145. Massacre d'Édesse. — 1147. Seconde croisade. — 1149. Retour du roi. — 1152. Divorce (mort de Suger, 1153, mort de saint Bernard). 1152, Éléonore épouse Henri Plantagenêt, roi d'Angleterre en 1154. — 1159. Louis défend le comte de Toulouse contre Henri II. — 1164. Thomas Becket en France. — 1167. Louis attaque Henri dans le Vexin. — 1168. les barons d'Aquitaine et de Bretagne prennent les armés contre Henri II. — 1169. Paix de Montmirail. — 1170. Meurtre de Becket. — 1173. Les fils de Henri II se réfugient auprès de Louis VII. — 1174, Nouvelle trêve entre les deux rois. — 1179. Voyage de Louis VII au tombeau de saint Thomas Becket; sa mort (1180).

III

PHILIPPE-AUGUSTE

Philippe-Auguste ne dégénéra pas (1180). Sauf les deux époques de son divorce et de l'invasion d'Angleterre, aucun roi ne fut davantage selon le cœur des prêtres. D'après le conseil d'un ermite alors en grande réputation dans les environs, le premier acte de son règne fut de chasser et de dépouiller les juifs. Les blasphémateurs, les hérétiques furent impitoyablement livrés à l'Église. Les soldats mercenaires que les rois anglais avaient répandus dans le Midi, et qui pillaient pour leur compte, furent poursuivis par Philippe. Il encouragea contre eux l'association populaire des *capuchons*. Les seigneurs qui vexaient les églises, eurent le roi pour ennemi. Enfin sa victoire de Bouvines passa pour le salut du clergé de France.

Le monde civil se débattait alors entre l'empereur, le roi d'Angleterre et le roi de France ; les deux premiers, ennemis du pape. Le jeune Philippe, roi à quinze ans, sous la tutelle du comte de Flandre (1180), et dirigé par un Clément de Metz, son gouverneur et maréchal du palais, épousa la fille du comte de Flandre, malgré sa mère et ses oncles, les princes de Champagne. Ce mariage rattachait les Capétiens à la race de Charlemagne, dont les comtes de Flandre étaient descendus.

Le comte de Flandre rendait au roi Amiens, c'est-à-dire la barrière de la Somme, et lui promettait l'Artois, le Valois et le Vermandois. Tant que le roi n'avait point l'Oise et la Somme, on pouvait à peine dire que la monarchie fût fondée. Mais une fois maître de la Picardie, il avait peu à craindre la Flandre et pouvait prendre la Normandie à revers. Le comte de Flandre essaya en vain de ressaisir Amiens, en se confédérant avec les oncles du roi. Celui-ci employa l'intervention du vieil Henri II qui craignait en Philippe l'ami de son fils Richard, et il obtint encore que le comte de Flandre rendrait une partie du Vermandois (Oise). Puis, quand le Flamand fut près de partir pour la croisade, Philippe, soutenant la révolte de Richard contre son père, s'empara des deux places si importantes du Mans et de Tours; par l'une, il inquiétait la Normandie et la Bretagne: par l'autre, il dominait la Loire. Il avait dès lors dans ses domaines les trois grands archevêchés du royaume, Reims, Tours et Bourges, les métropoles de Belgique, de Bretagne et d'Aquitaine.

La mort d'Henri II fut un malheur pour Philippe; elle plaçait sur le trône son grand ami Richard, avec qui il mangeait et couchait, et qui lui était si utile pour tourmenter le vieux roi. Richard devenait lui-même le rival de Philippe, rival brillant qui avait tous les défauts des hommes du moyen âge, et qui ne leur plaisait que mieux.

La croisade devenait de plus en plus nécessaire. Louis VII et Henri II, avaient pris la croix, et étaient restés. Leur retard avait entraîné la ruine de Jérusalem (1187). Les chrétiens ne tenaient plus la Terre Sainte, pour ainsi dire, que par le bord. Ils assiégeaient Acre, le seul port qui pût recevoir les flottes des pèlerins, et assurer les communications avec l'Occident. Quelque peu impatient que pût être Philippe-Auguste d'entreprendre cette expédition ruineuse, il lui devenait impossible de s'y soustraire.

La France avait, presque seule, accompli la première croisade. L'Allemagne avait puissamment contribué à la seconde. La troisième fut populaire surtout en Angleterre. Mais Richard n'emmena que des chevaliers et des soldats, point d'hommes inutiles comme dans les premières croisades. Le roi de France en fit autant, et tous deux passèrent sur des vaisseaux génois et marseillais.

Dès la Sicile, les deux amis étaient brouillés. Le roi Tancrède avait fait mettre en prison la veuve de son prédécesseur, qui était sœur du roi d'Angleterre. Richard n'eût pas mieux demandé que de venger cet outrage. Déjà, sous un prétexte, il avait planté son drapeau sur Messine. Tancrède n'eut d'autre ressource que de gagner à tout prix Philippe-Auguste, qui, comme suzerain de Richard, le força d'ôter son drapeau. La jalousie en était venue au point, qu'à entendre les Siciliens, le roi de France les eût sollicités de l'aider à exterminer les Anglais.

Il fallut que Richard se contentât de vingt mille onces d'or, que Tancrède lui offrit comme douaire de sa sœur; il devait lui en donner encore vingt mille pour dot d'une de ses filles qui épouserait le neveu de Richard. Le roi de France ne lui laissa pas prendre tout seul cette

somme énorme. Il cria bien haut contre la perfidie de Richard, qui avait promis d'épouser sa
sœur, et qui avait amené en Sicile, comme
fiancée, une princesse de Navarre. Richard
l'apaisa avec dix mille marcs d'argent, fut plus
heureux en Chypre, et conquit l'île sans diffi-
culté.

Un auteur estime à six cent mille le nombre
des chrétiens qui vinrent successivement combattre dans cette arène du siège d'Acre. Toute
l'Europe y fut représentée, nation par nation.
D'autre part, Saladin avait écrit au calife de
Bagdad et à tous les princes musulmans pour
en obtenir des secours. C'était la lutte de
l'Europe et de l'Asie. Mais toutes les haines
nationales s'y rencontraient aussi. La brillante
valeur et la gloire de Richard augmentaient
encore la jalousie du roi de France. Philippe
étant tombé malade, l'accusait de l'avoir empoisonné. Il réclamait la moitié de l'île de Chypre et
de l'argent de Tancrède. Enfin il quitta la croisade et s'embarqua presque seul, laissant là les
Français honteux de son départ. Richard, resté
seul, ne réussit pas mieux; il choquait tout le
monde par son insolence et son orgueil.

Cependant le roi de France faisait ses affaires

à petit bruit. Il entra en France à temps pour partager la Flandre, à la mort de Philippe d'Alsace; il obligea sa fille et son gendre, le comte de Hainaut, d'en laisser une partie comme douaire à sa veuve; mais il garda pour lui-même l'Artois et Saint-Omer, en mémoire de sa femme Isabelle de Flandre. Il excita les Aquitains à la révolte, il encouragea le frère de Richard à se saisir du trône.

Cependant Richard était prisonnier en Allemagne. Le duc d'Autriche, qu'il avait outragé au siège d'Acre, le surprit passant incognito sur ses terres, et le livra à l'empereur Henri VI. Jean et Philippe lui offraient, pour qu'il le gardât, autant d'argent que Richard en eût donné pour sa rançon. Mais on lui fit honte de retenir le héros de la croisade, il le relâcha après avoir exigé de lui une énorme rançon de cent cinquante mille marcs d'argent; de plus, il fallut qu'ôtant son chapeau de sa tête, Richard lui fît hommage, dans une diète de l'Empire. Henri lui concéda en retour le titre dérisoire du royaume d'Arles.

Le héros revint chez lui (1194), après une captivité de treize mois, roi d'Arles, vassal de l'Empire et ruiné. Il lui suffit de paraître pour réduire Jean et repousser Philippe. Ses dernières années s’écoulèrent sans gloire dans une alternative de trèves et de petites guerres.

Cette période ne fut pas plus glorieuse pour Philippe. Les grands vassaux étaient jaloux de son agrandissement ; et il s’était imprudemment brouillé avec le pape, dont l’amitié avait élevé si haut sa maison. Son divorce avec Ingeburge (1193), en mettant contre lui l’Église, le condamna à l’inaction, et le rendit spectateur immobile et impuissant des grands événements qui se passèrent alors, de la mort de Richard, et de la quatrième croisade.

IV

QUATRIÈME CROISADE

La mort de Saladin, l’avènement d’un jeune pape, plein d’ardeur et de génie (Innocent III), semblait ranimer la chrétienté. La mort de Henri VI rassurait l’Europe alarmée de sa puissance. La croisade prêchée par Foulques de Neuilly fut surtout populaire dans le nord de la France. Un comte de Champagne venait d’être roi de Jérusalem ; son frère qui lui succédait en

France, prit la croix, et avec lui la plupart de ses vassaux, ce puissant seigneur était à lui seul suzerain de dix-huit cents fiefs.

Nommons en tête de ses vassaux son maréchal de Champagne, Geoffroi de Villehardouin, l'historien de cette grande expédition, le premier prosateur, le premier historien de la France en langue vulgaire; c'est encore un Champenois, le sire de Joinville, qui devait raconter l'histoire de saint Louis et la fin des croisades.

Les seigneurs du Nord de la France prirent la croix en foule, les comtes de Brienne, de Saint-Paul, de Boulogne, d'Amiens, les Dampierre, les Montmorency, le fameux Simon de Montfort. Le comte de Flandre, beau-frère du comte de Champagne, se trouva par la mort prématurée de celui-ci, le chef principal de la croisade. Le marquis de Montferrat, Boniface, se joignit à eux. Les rois de France et d'Angleterre avaient trop d'affaires; l'Empire était divisé entre deux empereurs.

On ne songeait plus à prendre la route de terre; pour avoir des vaisseaux on s'adressa aux Vénitiens. Ces marchands profitèrent du besoin des croisés, et n'accordèrent pas à moins de quatre-vingt-cinq mille marcs d'argent. De plus, ils voulurent être associés à la croisade, en fournissant cinquante galères. Avec cette petite mise, ils stipulaient la moitié des conquêtes. Le doge Dandolo, tout vieux et aveugle qu'il était, fut, dans la réalité, le guide et le chef de l'expédition.

Il fallut d'abord que les croisés, pour acquitter le prix convenu, prissent pour les Vénitiens la ville de Zara, en Dalmatie, qui s'était soustraite au joug de Venise pour reconnaître le roi de Hongrie. Le légat du pape eut beau réclamer, le doge lui déclara que l'armée pouvait se passer de ses directions, prit la croix sur son bonnet ducal, et entraîna les croisés devant Zara, puis devant Trieste. Ils conquirent, pour leurs bons amis de Venise, presque toutes les villes de l'Istrie.

Pendant que ces braves et honnêtes chevaliers gagnent leur passage à cette guerre, « Voici venir, dit Villehardouin, une grande merveille, une aventure inespérée et la plus étrange du monde. » Un jeune prince grec, fils de l'empereur Isaac, alors dépossédé par son frère, vient embrasser les genoux des croisés, et leur promettre des avantages immenses, s'ils veulent rétablir son père sur le trône. Ils seront tous riches à jamais, l'Église grecque se soumettra au pape, et l'empereur rétabli, les aidera de tout son pouvoir à reconquérir Jérusalem. Dandolo est le premier touché de l'infortune du prince. Il décida les croisés à *commencer la croisade par Constantinople.* En vain le pape lança l'interdit, en vain Simon de Montfort et plusieurs autres se séparèrent d'eux et cinglèrent vers Jérusalem. L'antipathie toujours croissante des Grecs et des Latins entraînait les croisés contre Constantinople; depuis l'époque de la première croisade, les haines nationales s'étaient ajoutées aux haines religieuses. Venise s'en servit habilement. Les croisés furent dans sa main une force aveugle et brutale qu'elle lança contre l'empire byzantin (1202-1204).

La conquête fut d'abord facile. Il était convenu entre les Grecs, depuis qu'ils avaient repoussé les Arabes, que Constantinople était imprenable, et cette opinion faisait négliger tous les moyens de la rendre telle. Venise y avait des intelligences. Dès que les croisés eurent forcé le port, dès qu'ils se présentèrent au pied des murs, l'étendard de Saint-Marc y apparut, planté par une main invisible, et le doge s'empara rapidement de vingt-cinq tours. La nuit même, l'empereur désespéra et s'enfuit; on tira de prison son prédécesseur, le vieil Isaac Comnène.

Il était impossible que la croisade se terminât ainsi. Le nouvel empereur ne pouvait satisfaire l'exigence de ses libérateurs qu'en ruinant ses sujets. Les Grecs se soulevèrent; il fut mis à mort et remplacé par un prince de la maison royale, Alexis Murzuphle, qui se montra digne des circonstances critiques où il acceptait l'empire. Toutefois il n'avait point d'armée : la ville fut prise encore et cette fois cruellement pillée; on précipita Murzuple du haut d'une tour.

A qui devait revenir l'honneur de s'asseoir dans le trône de Justinien, et de fonder le nouvel empire? Le plus digne était le vieux Dandolo. Mais les Vénitiens eux-mêmes s'y opposèrent; il ne leur convenait pas de donner à une famille ce qui était à la république. Pour la gloire de restaurer l'Empire, elle les touchait peu; ce qu'ils voulaient, ces marchands, c'étaient des ports, des entrepôts, une longue chaîne de comptoirs, qui leur assurât toute la route de l'Orient. Ils prirent pour eux les rivages et les îles ; de plus, trois des huit quartiers de Constantinople, avec le titre bizarre de *seigneurs d'un quart et demi de l'empire grec.*

L'Empire, réduit à un quart, fut déféré à Beaudoin, comte de Flandre, descendant de Charlemagne et parent du roi de France. Le marquis de Montferrat se contenta du royaume de Macédoine. La plus grande partie de l'Empire, celle même qui était échue aux Vénitiens, fut démembrée en fiefs. Notre Geoffroi de Villehardouin fut à la fois maréchal de Champagne et de Romanie. Longtemps encore après la chute de l'empire latin de Constantinople, vers 1300, le catalan Montaner nous assure que dans la principauté de Morée et le duché d'Athènes on parlait français aussi bien qu'à Paris.

CHAPITRE X

VAUDOIS ET ALBIGEOIS

Voilà le pape vainqueur des Grecs malgré lui. La réunion des deux Églises est opérée, Innocent est le seul chef spirituel du monde. L'Allemagne, la vieille ennemie des papes, est mise hors de combat; elle est déchirée entre deux empereurs qui prennent le pape pour arbitre. Philippe-Auguste vient de se soumettre à ses ordres, et de reprendre une épouse qu'il hait.

L'Occident et le Midi de la France ne sont pas si dociles. Les Vaudois résistent sur le Rhône, les Manichéens en Languedoc et aux Pyrénées. Tout le littoral de la France, sur les deux mers, semble prêt à se détacher de l'Église. Le rivage de la Méditerranée et celui de l'Océan obéissent à deux princes d'une foi douteuse, les rois d'Aragon et d'Angleterre, et entre eux se trouvent les foyers de l'hérésie, Béziers, Carcassonne, Toulouse, où le grand concile des Manichéens s'est assemblé.

Le premier frappé fut le roi d'Angleterre, duc de Guienne, voisin et aussi parent du comte de Toulouse, dont il élevait le fils. Le pape et le roi de France profitèrent de sa ruine.

Un plus habile que Jean y eût succombé. Il lui fallait recourir à des expédients inouïs pour tirer de l'argent d'un pays tant de fois ruiné. Que restait-il après l'avide et prodigue Richard? Jean essaya d'arracher de l'argent aux barons, et ils lui firent signer la Grande Charte. Il se rejeta sur l'Église : elle le déposa. Le pape et son protégé, le roi de France, profitèrent de sa ruine. Le roi d'Angleterre sentant son navire enfoncer, jeta à la mer la Normandie, la Bretagne. Le roi de France n'eut qu'à ramasser.

Ce déchirement infaillible et nécessaire de l'empire anglais se trouva provoqué d'abord par la rivalité de Jean et d'Arthur son neveu. La vieille Éléonore seule tenait contre son petit-fils pour Jean son fils, pour l'unité de l'empire anglais, que l'élévation d'Arthur aurait divisé. Arthur en effet faisait bon marché de cette unité : il offrait au roi de France de lui céder la Normandie, pourvu qu'il eût la Bretagne, le Maine, la Touraine, l'Anjou, le Poitou et l'Aquitaine. Jean eût été réduit à l'Angleterre.

Il l'emporta cette fois, défit Arthur, et le prit avec la plupart des grands seigneurs de son parti. Que devint le prisonnier? c'est ce qu'on n'a jamais bien su. Mathieu Pàris prétend que Jean, qui l'avait bien traité d'abord, fut alarmé des menaces et de l'obstination du jeune Breton; « Arthur disparut, dit-il, et Dieu veuille qu'il en ait été autrement que ne le rapporte la malveillante renommée! (1203) »

Philippe se porta pour vengeur et pour juge du crime. Il assigna Jean à comparaître devant la cour des hauts barons de France, la Cour des pairs, comme on disait alors d'après les romans de Charlemagne. Jean leva une armée; les barons, une fois réunis à Portsmouth, lui déclarèrent qu'ils étaient décidés à ne point s'embarquer. Il s'adressa au pape; les légats ne décidèrent rien. Philippe s'empara de la Normandie. Jean lui-même avait déclaré aux Normands qu'ils n'avaient aucun secours à attendre.

Cependant, s'il n'agissait point lui-même, il négociait avec les ennemis de l'Église et du roi de France. Il payait des subsides à l'empereur Othon IV, son neveu; il s'entendait d'une part avec les Flamands, de l'autre avec les seigneurs du midi de la France. Le comte de Toulouse, le roi d'Aragon et le roi d'Angleterre, suzerains de tout le Midi, semblaient réconciliés aux dépens de l'Église.

Le caractère de la réforme au xiie siècle fut le rationalisme dans les Alpes et sur le Rhône, le mysticisme sur le Rhin. En Flandre, elle fut mixte, et plus encore en Languedoc.

Ce Languedoc était le vrai mélange des peuples, la vraie Babel. Placé au coude de la grande route de France, d'Espagne et d'Italie, il présentait une singulière fusion de sang ibérien, gallique et romain, sarrasin et gothique. Ces éléments divers y formaient de dures oppositions. Là devait avoir lieu le grand combat des croyances et des races. Quelles croyances? Je dirais volontiers toutes. Ceux mêmes qui les combattirent n'y surent rien distinguer, et ne trouvèrent d'autre moyen de désigner ces fils de la confusion, que par le nom d'une ville : *Albigeois.*

Un mot sur la situation politique du Midi. Nous en comprendrons d'autant mieux sa révolution religieuse.

Au centre, il y avait la grande cité de Toulouse, république sous un comte. Les domaines de celui-ci s'étendaient chaque jour. Dès la première croisade, c'était le plus riche prince de la chrétienté. Il avait manqué la royauté de Jérusalem, mais pris Tripoli.

Cette grande puissance était, il est vrai, fort inquiétée. Au nord les comtes de Poitiers, devenus roi d'Angleterre, au midi la grande maison de Barcelone, maîtresse de la Basse-Provence et de l'Aragon, traitaient le comte de Toulouse d'usurpateur, malgré une possession de plusieurs siècles. Ces deux maisons de Poitiers et de Barcelone avaient la prétention de descendre de saint Guillaume, le tuteur de Louis le Débonnaire, le vainqueur des Maures, celui dont le fils Bernard avait été proscrit par Charles le Chauve. Les comtes de Roussillon, de Cerdagne, de Confolens, de Bézalu, réclamaient la même origine. Tous étaient ennemis du comte de Toulouse.

Il n'était guère mieux avec les maisons de Béziers, Carcassonne, Albi et Nîmes. Aux

Pyrénées, c'étaient des seigneurs pauvres et braves, singulièrement entreprenants, gens à vendre, espèces de condottieri, que la fortune destinait aux plus grandes choses ; je parle des maisons de Foix, d'Albret et d'Armagnac. Armagnac, Comminges, Béziers, Toulouse, n'étaient jamais d'accord que pour faire la guerre aux églises. Les interdits ne les troublaient guère. Le comte de Comminges gardait paisiblement trois épouses à la fois. Le comte de Toulouse, Raimond VI, avait un sérail. Cette Judée de la France, comme on a appelé le Languedoc, ne rappelait pas l'autre seulement par ses bitumes et ses oliviers ; elle avait aussi Sodome et Gomorrhe, et il était à craindre que la vengeance de l'Église ne lui donnât sa mer Morte.

Les biens du clergé étaient partout envahis. Le nom même de prêtre était une injure. Les ecclésiastiques n'osaient laisser voir leur tonsure en public. Ceux qui se résignaient à porter la robe cléricale, c'étaient quelques serviteurs des nobles, auxquels ceux-ci la faisaient prendre, pour envahir sous leur nom quelque bénéfice. Dès qu'un missionnaire catholique se hasardait à prêcher, il s'élevait des cris de

dérision. La sainteté, l'éloquence ne leur impo-
saient point. Ils avaient hué saint Bernard.

A côté de l'Église s'élevait une autre Église
dont la Rome était Toulouse. Un Nicétas de
Constantinople avait présidé, près de Toulouse,
en 1167, comme pape, le concile des évêques
manichéens. La Lombardie, la France du nord,
Albi, Carcassonne, Aran, avaient été représentées par leurs pasteurs. Nicétas y avait exposé
la pratique des Manichéens d'Asie, dont le
peuple s'informait avec empressement. L'Orient,
la Grèce byzantine envahissaient définitivement
l'Église occidentale. Les Vaudois eux-mêmes,
dont le rationalisme semble un fruit spontané
de l'esprit humain, avaient fait écrire leurs premiers livres par un certain Ydros, qui, à en
juger par son nom, doit aussi être un Grec.

L'Église nouvelle envoyait partout d'ardents
missionnaires; l'innovation éclatait dans les
pays les plus éloignés, les moins soupçonnés,
en Picardie, en Flandre, en Allemagne, en
Angleterre, en Lombardie, en Toscane, aux
portes de Rome, à Viterbe.

Mais l'étrangeté orientale du manichéisme
avait révolté bien des esprits. D'autre part, les
populations du Nord voyaient parmi elles les

soldats mercenaires, les *routiers*, pour la plupart au service de l'Angleterre, réaliser tout ce qu'on racontait de l'impiété du Midi. Ils venaient, partie du Brabant, partie de l'Aquitaine. Dans la Marche, l'Auvergne, le Limousin, leurs ravages furent horribles. Le peuple finit par s'armer contre eux. Un charpentier, inspiré de la Vierge Marie, forma l'association des *capuchons* pour l'extermination de ces bandes. Philippe-Auguste encouragea le peuple, fournit des troupes, et, en une seule fois, on en égorgea dix mille.

L'Église du xiiie siècle se fit une arme des antipathies de races pour retenir le Midi qui lui échappait. Elle transféra la croisade des infidèles aux hérétiques. Les prédicateurs furent les mêmes, les bénédictins de Cîteaux.

Raimond était triomphant sur le Rhône à la tête de son armée, quand il reçut d'Innocent III une lettre terrible qui lui prédisait sa ruine. Le pape exigeait qu'il interrompît la guerre, souscrivît avec ses ennemis un projet de croisade contre ses sujets hérétiques, et ouvrît ses États aux croisés. Raimond refusa, fut excommunié, et se soumit; mais il cherchait à éluder l'exécution de ses promesses. Le moine Pierre de Castelnau osa lui reprocher en face ce qu'il appelait sa perfidie ; ce prince, peu habitué à de telles paroles, laissa échapper des paroles de colère et de vengeance ; des paroles telles peut-être que celles d'Henri II contre Thomas Becket. L'effet fut le même ; le dévoûment féodal ne permettait pas que le moindre mot du seigneur tombât sans effet ; ceux qu'il nourrissait à sa table croyaient lui appartenir corps et âme, sans réserve de leur salut éternel. Un chevalier de Raimond joignit Pierre de Castelnau sur le Rhône et le poignarda. L'assassin trouva retraite dans les Pyrénées, auprès du comte de Foix, alors ami du comte de Toulouse, et dont la mère et la sœur étaient hérétiques.

Tel fut le commencement de cette épouvantable tragédie (1208). Innocent III ne se contenta pas, comme Alexandre III, des excuses et de la soumission du prince ; il fit prêcher la croisade dans tout le nord de la France par les moines de Cîteaux. Celle de Constantinople avait habitué les esprits à l'idée d'une guerre sainte contre les chrétiens. Ici la proximité était tentante ; il ne s'agissait point de traverser les mers, on offrait le paradis à celui qui aurait ici-bas pillé les riches campagnes, les cités opulentes du Languedoc. L'humanité aussi était mise en jeu pour rendre les âmes cruelles; le sang du légat réclamait, disait-on, le sang des hérétiques.

On commença par le Bas-Languedoc, Béziers, Carcassonne, etc., où les hérétiques étaient plus nombreux. Le pape eût risqué d'unir tout le Midi contre l'Église et de lui donner un chef, s'il eût frappé d'abord le comte de Toulouse. Il feignit d'accepter ses soumissions, il l'admit à la pénitence. Mais la plus horrible pénitence, c'est qu'il se chargeait de conduire lui-même l'armée des croisés à la poursuite des hérétiques, lui qui les aimait dans le cœur, de les mener sur les terres de son neveu, le vicomte de Béziers, qui osait persévérer dans la protection qu'il leur accordait.

La principale armée des croisés arriva par le Rhône, d'autres venaient par le Vélay, d'autres venaient par l'Agénois. A leur tête, les archevêques de Reims, de Sens, de Rouen; les évêques d'Autun, Clermont, Nevers, Bayeux, Lisieux et Chartres; les comtes de Nevers, de Saint-Pol, d'Auxerre, de Bar-sur-Seine, de Genève, de Forez, une foule de seigneurs. Le plus puissant était le duc de Bourgogne. Les Allemands, les Lorrains, voisins des Bourguignons, prirent aussi la croix en foule; mais aucune province ne fournit d'hommes plus habiles et plus vaillants que l'Ile-de-France. L'ingénieur de l'armée fut maître Théodise, archidiacre de Notre-Dame de Paris.

Le principal chef de la croisade fut Simon de Montfort. C'était, disait-on, un Montfort qui avait donné à Louis le Gros, après la défaite de Brenneville, le conseil d'appeler à son secours les milices des communes sous leurs bannières paroissiales. Au XIIIᵉ siècle, Simon de Montfort, dont nous allons parler, faillit être roi du Midi. Son second fils, cherchant en Angleterre la fortune qu'il avait manquée en France, combattit pour les communes anglaises, et leur ouvrit le chemin du parlement.

Les croisés s'assemblèrent d'abord sur Béziers. Les habitants sortirent hardiment; ils ne connaissaient pas la supériorité militaire de leurs ennemis. Les piétons suffirent pour les repousser; avant que les chevaliers eussent pu prendre part à l'action, ils entrèrent dans la ville pêle-mêle avec les assiégés, et s'en trouvèrent maîtres. Le seul embarras était de distinguer les hérétiques des orthodoxes : « Tuez-les tous, dit l'abbé de Cîteaux; le Seigneur connaîtra bien ceux qui sont à lui. »

L'effroi fut tel, que toutes les places furent abandonnées sans combat. Les habitants s'enfuirent dans les montagnes. Il ne resta que Carcassonne, où le vicomte de Béziers s'était enfermé. Cinquante prisonniers y furent pendus, quatre cents brûlés.

Tout ce sang eût été versé en vain, si quelqu'un ne s'était chargé de perpétuer la croisade, de veiller en armes sur les cadavres et les cendres. Tous les barons refusèrent l'héritage du vicomte. Simon de Montfort accepta, après s'être fait un peu prier. Le vicomte de Béziers, qui était entre ses mains, mourut bientôt, tout à fait à propos pour Montfort. Il ne lui resta plus qu'à se faire confirmer par le pape le don des légats; il mit sur chaque maison un tribut annuel de trois deniers au profit de l'église de Rome.

Son armée se débandant, il lui fallut attendre une nouvelle croisade, et amuser les comtes de Toulouse et de Foix qu'il avait d'abord menacés. Cependant sa femme, Alix de Montmorency, lui avait amené une nouvelle armée de croisés.

Les hérétiques n'osant plus se fier à aucune
ville, après le désastre de Béziers et de Carcassonne, s'étaient réfugiés dans quelques châteaux forts, où une vaillante noblesse faisait
cause commune avec eux; ils avaient beaucoup
de nobles dans leur parti, comme les protestants
du XVIe siècle. Le château de Minerve, qui se
trouvait à la porte de Narbonne, était une de
leurs principales retraites. L'archevêque et
les magistrats de Narbonne avaient espéré
détourner la croisade de leur pays, en faisant
des lois terribles contre les hérétiques; mais
ceux-ci, attaqués dans tous les anciens domaines
du vicomte de Béziers, se refugièrent en foule
vers Narbonne.

La multitude enfermée dans le château de
Minerve ne pouvait subsister qu'en faisant des
courses jusqu'aux portes de cette ville. Les
Narbonnais appelèrent eux-mêmes Montfort, et
l'aidèrent. Ce siège fut terrible. Les assiégés
n'espéraient et ne voulaient aucune pitié. De
là Montfort poussa au midi, et alla prendre le
fort château des Termes avec les machines que
lui construisait l'archidiacre de Paris.

Il était visible qu'après s'être emparé de tant
de lieux forts dans les montagnes, Montfort

reviendrait vers la plaine et attaquerait Toulouse. Le comte, dans son effroi, s'adressait à tout le monde, à l'empereur, au roi d'Angleterre, au roi de France, au roi d'Aragon. Philippe-Auguste écrivit au pape; le roi d'Aragon en fit autant, et essaya de gagner Montfort lui-même. Tous les seigneurs des Pyrénées se déclarèrent ouvertement pour Raimond. Les comtes de Foix, de Béarn, de Comminges, l'aidèrent à forcer Simon de lever le siège de Toulouse. Le comte de Foix faillit l'accabler à Castelnaudary, mais les troupes plus exercées de Montfort ressaisirent la victoire.

Le roi d'Aragon était occupé à repousser la terrible invasion des Almohades, qui s'avançaient au nombre de trois ou quatre cent mille. Mais dès qu'il en fut délivré par la victoire de Las Navas de Tolosa, il envoya défier Simon. Les deux armées se rencontrèrent à Muret près Toulouse; Montfort feignit de vouloir éluder le combat, se détourna, puis tombant sur les ennemis de tout le poids de sa lourde cavalerie, il les dispersa et en tua plus de quinze mille. D. Pedro périt en combattant (1215).

L'Église semblait avoir vaincu dans le midi de la France comme dans l'empire grec. Restaient ses ennemis du Nord, les hérétiques de Flandre, l'excommunié Jean, et l'anti-César Othon.

En 1208, précisément à l'époque où le pontife commençait la croisade du Midi, il en fit une sous forme moins belliqueuse contre le roi d'Angleterre, en portant un de ses ennemis à la primatie. Jean résista; on l'excommunia. Mais il ne se rencontra personne qui osât lui en donner signification. Cet état dura cinq ans, pendant lesquels Jean exerça la plus violente tyrannie. Il n'avait rien à craindre tant que la France et l'Europe étaient tournées tout entières vers la croisade des Albigeois. En 1212, Innocent III, rassuré du côté du Midi, prêcha la croisade contre Jean, et chargea le roi de France d'exécuter la sentence apostolique.

Une flotte, une armée immense furent assemblées par Philippe. De son côté, Jean réunit, dit-on, à Douvres, jusqu'à soixante mille hommes. Mais dans cette multitude, il n'y avait guère de gens sur qui il pût compter. Le légat du pape, qui avait passé le détroit, lui fit comprendre son péril; la cour de Rome voulait abaisser Jean, mais non pas donner l'Angleterre au roi de France. Il se soumit et fit hommage au pape, s'engageant de lui payer un tribut de mille marcs sterling d'or.

Philippe-Auguste n'en eût peut-être pas moins envahi l'Angleterre, si le comte de Flandre ne l'eût abandonné. La France et l'Angleterre avaient eu, de bonne heure, des liaisons commerciales ; les ouvriers flamands avaient besoin des laines anglaises. Philippe, à l'instigation du légat, se rejeta sur la Flandre et la ravagea.

Cependant Jean achetait une nouvelle armée, il envoyait des subsides à son neveu Othon, et soulevait tous les princes de Belgique. Au cœur de l'hiver (1214), il passa la mer et débarqua à La Rochelle. Il devait attaquer Philippe par le Midi, tandis que les Allemands et les Flamands tomberaient sur lui du côté du Nord. Les seigneurs du Nord étaient alarmés des progrès de la puissance du roi. On prétend que les confédérés ne voulaient rien moins que diviser la France. Le comte de Flandre eût eu Paris ; celui de Boulogne, Péronne et le Vermandois. Ils auraient donné des biens ecclésiastiques aux gens de guerre, à l'imitation de Jean.

Les deux armées se rencontrèrent entre Lille et Tournai, près du pont de Bouvines (1214). Nos milices furent d'abord mises en désordre, et le roi de France y courut risque de la vie, il fut tiré à terre par des fantassins armés de crochets. L'empereur Othon eut un cheval blessé. Les chevaliers furent pris en grand nombre; cinq comtes tombèrent entre les mains de Philippe-Auguste, ceux de Flandre, de Boulogne, de Salisbury, de Tecklembourg et de Dortmund. Les deux premiers n'étant point rachetés par les leurs, restèrent prisonniers de Philippe.

Jean ne fut pas plus heureux dans le midi qu'Othon dans le Nord. Il repassa en Angleterre, vaincu, ruiné, sans ressource. L'occasion était belle pour les barons. Ils la saisirent. Au mois de janvier 1215, et de nouveau le 15 juin, ils lui firent signer l'acte célèbre, connu sous le nom de *Grande Charte*.

Mais dès qu'ils furent dispersés, il rassembla de toutes parts des mercenaires; les barons effrayés appelèrent les rois d'Écosse et de France. Le fils de Philippe avait épousé Blanche de Castille, nièce de Jean. Jean se trouva encore une fois abandonné, seul, exilé dans son propre royaume. Alors il perdit tout espoir, prit la fièvre et mourut. C'était ce qui pouvait arriver de pis au Français. Le fils de Jean, Henri III, était innocent des crimes de son père. Louis vit bientôt tous les Anglais ralliés contre lui, et se tint heureux de repasser en France, en renonçant à la couronne d'Angleterre.

Innocent III était mort deux mois avant le roi Jean, au milieu de son triomphe (1216). Toutefois, dans la dernière année de sa vie, il avait été étrangement troublé. Lorsque le comte de Toulouse, le comte de Foix et tous les autres seigneurs du Midi, vinrent se jeter à ses pieds, lorsqu'il entendit les plaintes, et qu'il vit les larmes, il voulut, dit-on, réparer, et ne le put pas. Ses agents ne lui permirent point une restitution qui les ruinait et les condamnait.

Ce ne furent ni les Raimond, ni les Montfort qui recueillirent le patrimoine du comte de Toulouse. L'héritier légitime ne le recouvra que pour le céder bientôt. L'usurpateur, avec tout son courage et sa prodigieuse vigueur d'âme, était vaincu dans le cœur, quand une pierre, lancée des murs de Toulouse, vint le délivrer de la vie (1218).

Son fils, Amauri de Montfort, céda au roi de

France ses droits sur le Languedoc; tout le
Midi, sauf quelques villes libres, se jeta dans
les bras de Philippe-Auguste. En 1222, le légat
lui-même et les évêques du Midi le suppliaient
à genoux d'accepter l'hommage de Montfort
(mort de Philippe-Auguste, 1223).

Philippe-Auguste avait, à vrai dire, fondé le
royaume en réunissant la Normandie à la
Picardie. Il avait en quelque sorte fondé Paris,
en lui donnant sa cathédrale, sa halle, son
pavé, des hôpitaux, des aqueducs, une nouvelle enceinte, de nouvelles armoiries, surtout
en autorisant et soutenant son Université. Il
avait fondé la juridiction royale en inaugurant
l'assemblée des pairs par un acte populaire et
humain, la condamnation de Jean et la punition
du meurtre d'Arthur. Les grandes puissances
féodales s'affaissaient; la Flandre, la Champagne, le Languedoc, étaient soumis à l'influence royale. Le roi s'était formé un grand
parti dans la noblesse; il avait créé une démocratie dans l'aristocratie, si je puis dire; je parle
des cadets; il fit consacrer en principe qu'ils ne
dépendraient plus de leurs aînés.

Règne de Philippe-Auguste.

Philippe II, âgé de quinze ans (1180) sous la régence du comte de Flandre. — 1182. Ordonnance contre les Juifs. — 1183. Guerre avec le comte de Flandre pour le Vermandois, qui reste au roi (1185). — 1484. Guerre dans le Berri contre les Brabançons. — 1187. Guerre contre Henri II, qui refuse d'accomplir le mariage d'Alix, sœur de Philippe, avec son fils Richard. — 1188. Trêve, prédication de la croisade. — Dîme Saladine. — 1189. Philippe secourt le comte de Toulouse contre Richard, et celui-ci contre Henri II, qui perd Tours et Le Mans. — 1190. Troisième croisade. — 1191. Prise d'Acre, retour de Philippe. — 1194. Retour de Richard. — 1194-1199. Alternative de guerres et de trêves. — 1199. Mort de Richard. — 1202. Philippe, allié d'Arthur de Bretagne, fait des conquêtes en Normandie. — 1203. Meurtre d'Arthur. — 1204. Prise de Rouen. — 1204. Jean cité devant les pairs (1205) abandonne par un traité toutes les possessions anglaises au nord de la Loire, et tout ce que Philippe II vient de lui enlever au midi de ce fleuve. — 1207. Raimond VI excommunié. — 1208. Meurtre du légat. — 1209. Prise de Béziers. — 1211. Siège de Toulouse. — 1213. Bataille de Muret; 1213, Philippe II veut attaquer Jean excommunié depuis cinq ans, mais Jean se déclare feudataire du saint-siège, et le légat défend à Philippe de l'attaquer. Celui-ci tourne ses armes contre la Flandre. — 1214. Bouvines. — 1215. Voyage du prince Louis dans le midi de la France. — 1216. Son expédition en Angleterre. — 1217. Il quitte l'Angleterrre. — 1217. Raimond VII rentre dans Toulouse pendant que Montfort est sur le Rhône. — 1218, Montfort est tué devant Toulouse qu'il assiégeait. — 1219. Croisade du prince Louis. — 1222. Amaury offre à Philippe toutes les conquêtes des croisés. — 1223. Mort de Philippe.

CHAPITRE XI

Le fils de Philippe-Auguste, le faible et
maladif Louis VIII, nommé ridiculement Louis
le Lion, ne joua pas moins le rôle d'un conquérant. Il échoua en Angleterre, il est vrai, mais
il prit aux Anglais le Poitou. En Flandre, il
maintint la comtesse Jeanne, lui rendant le
service de garder son mari prisonnier à la tour
du Louvre. Dans le Midi, il termina la croisade
des Albigeois. Il se mit en marche à la tête de
toute la France du Nord. Les républiques de
Provence, Avignon, Aix, Marseille et Nice,
espéraient pourtant que le torrent passerait à
côté. Avignon offrit passage hors de ses murs;

mais en même temps, elle s'entendait avec le comte de Toulouse pour détruire tous les fourrages, à l'approche de la cavalerie française. Louis assiégea la ville ; il fallut qu'elle payât rançon ; donnât des ôtages et abattît ses murailles. Nîmes, Albi, Carcassonne, se livrèrent d'elles-mêmes. Mais les chaleurs occasionnèrent dans l'armée des croisés une épidémie meurtrière. Les barons abandonnèrent le roi ; il mourut, empoisonné, dit-on, par l'amant de la reine, Thibaut de Champagne (1226).

La régence et la tutelle du jeune Louis IX eussent appartenu, d'après les lois féodales, à son oncle Philippe le Hurepel (le grossier), comte de Boulogne. Le légat du pape et le comte de Champagne, amis de la reine mère, Blanche de Castille, lui assurèrent la régence. Les seigneurs formèrent une ligue contre elle, à leur tête le duc de Bretagne, Pierre Mauclerc, descendu d'un fils de Louis le Gros.

Cet homme remarquable avait entrepris bien des choses à la fois, et plus qu'il ne pouvait : en France, d'abaisser la royauté ; en Bretagne, d'être absolu malgré les prêtres et les seigneurs. Cette lutte intérieure ne lui permit guère d'agir vigoureusement contre la France. Le roi d'Angleterre, Henri III, qui eût dû l'appuyer, lui manqua deux fois; Blanche soulevait les barons d'Henri, gagnait ses favoris. Elle eut encore l'adresse d'empêcher le comte de Champagne d'épouser la fille de Mauclerc.

Cependant elle profitait de la faiblesse de la ligne du Nord pour achever d'accabler le Midi. Il fallut que Raymond VII reçût dans Toulouse garnison française, confirmât à la France la possession du bas Languedoc, promît Toulouse après sa mort, comme dot de sa fille Jeanne, qu'un des frères du roi devait épouser. Quant à la haute Provence, il la donnait à l'Église : c'est l'origine du droit des papes sur le comtat d'Avignon. Lui-même il vint à Paris, s'humilia, reçut la discipline dans l'église de Notre-Dame, et se constitua, pour six semaines, prisonnier à la tour du Louvre.

La régente osa alors défier le comte de Bretagne, et le somma de comparaître devant les pairs. Les Anglais l'abandonnèrent; les barons traitèrent séparément avec Blanche. Tout le mouvement qui avait troublé la France du Nord s'écoula pour ainsi dire vers le Midi et l'Orient. Thibaut se trouva roi de Navarre par la mort du père de sa femme, et vendit à la régente

Chartres, Blois, Sancerre et Châteaudun. Mau-clerc laissa le comté de Bretagne à son fils, et partit pour la croisade.

Telle était la favorable situation du royaume à l'époque de la majorité de saint Louis (1236). Sa destinée fut d'hériter des Albigeois et de tant d'autres ennemis de l'Église. Cette âme innocente et timorée, condamnée à posséder tant de biens d'origine douteuse, ne pouvait trouver de repos que dans la croisade.

Jamais la croisade n'avait été plus nécessaire et plus légitime. Les Mongols s'étaient ébranlés du Nord, et peu à peu descendaient par toute l'Asie. Ces pasteurs, entraînant les nations, chassant devant eux l'humanité avec leurs troupeaux, semblaient décidés à effacer de la terre toute ville, toute construction, toute trace de culture, à refaire du globe un désert, une libre prairie, où l'on pût désormais errer sans obstacle.

Tout l'Orient était réconcilié. Les princes mahométans, entre autres le Vieux de la Montagne, avaient envoyé une ambassade suppliante au roi de France, et l'un des ambassadeurs passa en Angleterre. D'autre part, l'empereur latin de Constantinople venait exposer à saint Louis son danger, son dénûment et sa misère. Il en venait à n'avoir plus pour se chauffer que les poutres de son palais. Il offrit à saint Louis de lui céder à bon compte un inestimable trésor, la vraie couronne d'épines qui avait ceint le front du Sauveur.

La croisade de 1235 n'était pas faite pour rétablir les affaires d'Orient. Le jeune roi de France ne pouvait encore quitter son royaume; une vaste ligue se formait contre lui. Mais les confédérés agirent l'un après l'autre. La campagne des Anglais en France fut pitoyable. Louis les aurait tournés et pris au pont de Taillebourg, sur la Charente, si Henri III n'avait obtenu une trêve. Il profita de ce répit pour décamper et se retirer vers Saintes. Louis le serra de près; un combat acharné eut lieu dans les vignes, le roi d'Angleterre finit par s'enfuir dans la ville, et de là vers Bordeaux (1241). Une épidémie, dont le roi et l'armée languirent également, empêcha Louis de poursuivre ses succès.

Cependant la catastrophe tant redoutée avait lieu en Orient. Les Mongols avaient pris Jérusalem. Saint Louis était malade, alité et presque mourant, quand ces tristes nouvelles parvinrent en Europe; il fit mettre la croix rouge sur son lit et sur ses vêtements. Sa mère eût autant aimé le voir mort.

On pensait alors, non sans vraisemblance, que, pour conquérir et posséder la Terre-Sainte, il fallait avoir l'Égypte pour point d'appui. Saint Louis fit creuser le port d'Aigues-Mortes, et cingla d'abord vers Chypre. Là il s'arrêta, et longtemps, soit pour attendre son frère Alphonse qui lui amenait sa réserve, soit peut-être pour s'orienter dans ce monde nouveau. Il y fut amusé par les ambassadeurs des princes d'Asie, qui venaient observer le grand roi des Francs.

Il se décida enfin à partir pour l'Égypte. La forte ville de Damiette, qui pouvait résister, se rendit dans le premier effroi. De là le roi voulut marcher sur le Caire. Il s'engagea dans ce pays coupé de canaux, et suivit la route qui avait été si fatale à Jean de Brienne. La marche fut d'une singulière lenteur; les chrétiens au lieu de jeter des ponts, faisaient une levée dans chaque canal. Ils mirent ainsi un mois pour franchir les dix lieues qui sont de Damiette à Mansourah.

Robert d'Artois se lança dans la ville avec l'avant-garde; il y périt. Le roi, qui ne savait rien encore, passa et combattit vaillamment. Les mameluks revenant de tous côtés à la charge, les Français défendirent leurs retranchements jusqu'à la fin de la journée. Il fallait retourner à Damiette ; mais une épidémie s'était mise dans le camp ; et le roi, malade lui-même, ne voulut jamais abandonner son peuple. Lorsqu'enfin il se décida à la retraite, il se vit bientôt arrêté par les Sarrasins. Un immense massacre commença ; le roi, prisonnier avec une foule de barons, étonna les infidèles de son héroïque résignation, et obtint la liberté en rendant Damiette avec une rançon de quatre cent mille besans d'or. Il resta pourtant un an à la Terre Sainte pour aider à la défendre, au cas que les mameluks poursuivissent leur victoire hors de l'Égypte. Il releva les murs des villes, fortifia Césarée, Jaffa, Sidon, Saint-Jean-d'Acre.

Pendant son absence, éclata en France l'insurrection des *Pastoureaux*. C'étaient les plus misérables habitants des campagnes, des bergers surtout, qui, entendant dire que le roi était prisonnier, s'armèrent, s'attroupèrent, formèrent une grande armée, déclarèrent qu'ils voulaient aller le délivrer. On parvint à les dissiper.

Saint Louis de retour, malgré ses frères, ses enfants, ses barons, ses sujets, restitua au roi d'Angleterre le Périgord, le Limousin, l'Agénois, et ce qu'il avait en Quercy et en Saintonge, à condition que Henri renonçât à ses droits sur la Normandie, la Touraine, l'Anjou, le Maine et le Poitou (1258).

Cette préoccupation excessive des choses de la conscience aurait ôté à la France toute action extérieure. Mais la France n'était pas encore dans la main du roi. Le roi se resserrait, se retirait en soi. La France débordait au dehors.

D'une part, l'Angleterre gouvernée par des Poitevins, par des Français du Midi, s'affranchit d'eux par le secours d'un Français du Nord, Simon de Montfort, comte de Leicester, second fils du fameux Montfort, chef de la croisade des Albigeois. De l'autre côté, les Provençaux sous Charles d'Anjou, frère de saint Louis, conquirent le royaume des Deux-Siciles, et consommèrent en Italie la ruine de la maison de Souabe.

Au bout de six ans de guerres, Henri III et ses barons invoquèrent l'arbitrage de saint Louis. Le pieux roi également inspiré de la Bible et du droit romain, décida qu'*il fallait obéir aux puissances*, et annula les statuts d'Oxford, déjà cassés par le pape. Le roi Henri devait rentrer en possession de toute sa puissance, sauf les chartes et louables coutumes du royaume d'Angleterre, antérieures aux statuts d'Oxford (1264). Les confédérés ne prirent cette sentence arbitrale que comme un signal de guerre.

L'illustre et ancienne maison de Souabe était abattue; le pape mettait à l'encan ses dépouilles. Il les offrait à qui en voudrait, au roi d'Angleterre, au roi de France. Louis refusa d'abord pour lui-même, mais il permit à son frère Charles d'accepter.

Ce frère de saint Louis, ce Charles d'Anjou, dont son admirateur Villani a laissé un portrait si terrible, cet *homme noir, qui dormait peu*, fut un démon tentateur pour saint Louis. Il avait épousé Béatrix, la dernière des quatre filles du comte de Provence. Les trois aînées étaient reines et faisaient asseoir Béatrix sur un escabeau à leurs pieds. Celle-ci irritait encore l'âme violente et avide de son mari; il lui fallait aussi un trône à elle, et n'importe à quel prix.

Frédéric II était mort en luttant contre le pape (1250). Son fils Conrad n'apparut dans l'Italie que pour mourir aussi. Alors l'Empire échappa à cette maison; le frère du roi d'Angleterre et le roi de Castille se crurent tous deux empereurs. Le fils de Conrad, le petit Conradin, n'était pas en âge de disputer rien à personne; mais le royaume de Naples resta au bâtard Manfred, au vrai-fils de Frédéric II, brillant, spirituel, débauché, impie comme son père, homme à part, que personne n'aima ni ne haït à demi. Tout son appui était dans les Sarrasins, qui lui gardaient les places et les trésors de son père. Il ne se fiait guère qu'à eux; il en avait appelé neuf mille encore de Sicile, et dans sa dernière bataille, c'est à leur tête qu'il chargea l'ennemi.

On prétend que Charles d'Anjou dut sa victoire à l'ordre déloyal qu'il donna aux siens, *de frapper aux chevaux* (1266). La tyrannie de Charles pesa bientôt sur toute l'Italie; les plaintes retentissaient jusqu'au delà des Alpes. Tout le parti gibelin de Naples, de Toscane, Pise surtout, implorait le secours du jeune Conradin. Il passa les Alpes avec une nombreuse chevalerie. Au premier choc, elle vainquit, et dissipa tout devant elle. Mais Charles, d'après le conseil d'un vieux chevalier, tenait à l'écart cinq cents de ses meilleurs hommes. Lorsque

Conradin eut le dessus, et que Charles, voyant les siens dispersés, doutait déjà de sa fortune, le vieux conseiller lui dit : « Le moment est venu, chargez ». Les vainqueurs ne reconnurent cette réserve que lorsqu'elle fut sur eux, et qu'ils se trouvèrent foulés aux pieds des chevaux. L'infortuné Conradin fut décapité (1268).

Pendant que la France étendait ainsi son influence au dehors, saint Louis essayait de l'organiser au dedans. Dès l'an 1254, il avait créé un parlement ambulatoire, composé en partie de conseillers-clercs ou chevaliers de justice. Ces légistes, imbus des maximes du droit romain, écrivirent dans les établissements de saint Louis une sorte de code féodal, modifié par l'esprit des Pandectes. Ils restreignirent les guerres privées par l'établissement de la *quarantaine le roi* et de l'*asseurement*. Ils empruntèrent aux tribunaux de l'Église les formes de la procédure, et substituèrent au duel judiciaire la preuve écrite et la preuve testimoniale. Le roi se réserva ce qu'on appela les *cas royaux*. Tout homme franc, dans le territoire d'un baron, put s'avouer du roi. Les légistes minaient ainsi l'autorité féodale, en même temps qu'ils opposaient la Pragmatique

12.

Sanction au pouvoir pontifical (1269), et posaient les maximes sur lesquelles reposent les libertés de l'Église gallicane.

Les travaux pacifiques de saint Louis furent interrompus par une nouvelle croisade. Son frère, Charles d'Anjou, voulait envahir l'Afrique. Il abusa de la pieuse crédulité de son frère pour lui persuader que la conquête de Tunis faciliterait celle de l'Égypte, que le sultan n'attendait que l'arrivée des chrétiens pour embrasser leur religion. Saint Louis, qui préparait une nouvelle croisade d'Orient, se laissa entraîner à Tunis, et mourut de la peste dans cette vaine expédition (1270).

Avec lui mourut l'esprit des croisades. Quelque temps après (1327), nous voyons le Vénitien Sanuto proposer au pape une croisade commerciale. Il ne suffisait pas, disait-il, d'envahir l'Égypte, il fallait la ruiner. Le moyen qu'il proposait, c'était de rouvrir au commerce de l'Inde la route de la Perse, de sorte que les marchandises ne passassent plus par Alexandrie et Damiette. Ainsi s'annonce de loin l'esprit moderne ; le commerce et non la religion, va devenir le mobile des expéditions lointaines.

Résumé chronologique des règnes de Louis VIII et Louis IX.

1224. Conquête du Poitou et de l'Aquitaine jusqu'à la Garonne. — 1226. Louis se fait céder tous les droits de la maison de Montfort; siège d'Avignon; Louis parcourt le Languedoc et meurt à Montpensier. — 1226. Régence de Blanche de Castille. — 1227. La soumission de Thibaut de Champagne à la régente déconcerte les plans des mécontents. — 1228. Blanche rattache Thibaut au parti royal et l'empêche d'épouser une fille du comte de Bretagne, qui, en 1229, défie le roi. — 1229. Traité de Paris avec Raimond VII, qui assure le Languedoc à la France. — 1230. Expédition sans résultat de Henri III en France. — 1231. Blanche, dont les troupes sont entrées à plusieurs reprises en Bretagne, signe la trêve de Saint-Aubin-du-Cormier qui met fin aux guerres civiles de la Régence. — 1238. La Sainte-Chapelle fondée pour recevoir les reliques que Beaudoin envoie de Constantinople. — 1241. Ligue des barons contre le roi. — 1242. Taillebourg. Soumission du comte de la Marche. — 1244. Saint Louis prend la croix. 1246. — Charles d'Anjou épouse la fille du comte de Provence. — 1248. Départ d'Aigues-Mortes. — 1249. Prise de Damiette. — 1250. Bataille de la Mansourah, séjour de saint Louis en Palestine. — 1251. Pastoureaux. — 1252. Mort de Blanche (1er décembre). — 1254. Retour de saint Louis. — 1259. Traité avec Henri III; restitutions. — 1263. Arbitrage de saint Louis entre Henri III et ses barons. — 1266. Conquête du royaume de Naples par Charles d'Anjou. — 1267, Saint Louis prend la croix. — 1269. Publication de la Pragmatique Sanction. 1270, des établissements. — Croisade en Afrique; mort du roi.

Administration de saint Louis. — Double caractère de l'administration de saint Louis : 1° il respecte tous les droits acquis (voir le premier livre des Établissements); 2° il croit qu'il a mission de faire observer la loi de Dieu dans son royaume : défense des guerres privées (1257). — (La quarantaine le roi, asseurement). — Défense des duels judiciaires (1260). — Le duel judiciaire n'est aboli que dans ses domaines. Il traite avec plusieurs grands vassaux, qui consentent à l'abolir aussi dans leurs fiefs. Au lieu des *batailles en justice*, il met les preuves par témoins. — L'appréciation des témoignages, la complication des causes, le nombre et la confusion des *preuves écrites* exigent qu'une classe d'homme se voue au soin des procédures. Légistes, nouveaux clercs formés par l'étude du droit romain, et qui, comme les jurisconsultes de l'Empire, tendent à fonder l'égalité de tous sous un maître. La royauté grandissant les a pris pour ses conseillers; ils attaquent à son profit la féodalité; cherchent à introduire partout le droit romain (Voy. le deuxième livre des Établissements); à multiplier les *appels* et les *cas royaux*; à se créer une position hors de la hiérarchie féodale; ils n'inventent ni dénominations ni formes nouvelles. — Parlement des barons. — Il juge les causes du roi et lui sert de conseil. — Les légistes y pénètrent, les affaires devenant plus nombreuses par la multiplicité des appels et des cas royaux; une partie du conseil est destinée (1255) à juger toutes ces causes, et retient le nom de parlement. — Dès le règne de Philippe III les légistes et les barons y sont partagés en deux chambres qui donnent séparément leur avis; sous Philippe IV il n'y aura plus même égalité, les légistes expulseront les chevaliers.

Pour l'administration de ses domaines, saint Louis rend deux longues ordonnances, qui serviront de modèle aux ordonnances postérieures sur la réforme des abus. *Enquesteurs* renouvelés des *missi dominici*. — Il cherche à restreindre les interdits, refuse de forcer les excommuniés à se faire absoudre. Pragmatique Sanction, première base des libertés gallicanes (1269).

Les *Établissements, selon l'usage de Paris et d'Orléans et de court de baronnie*, en deux livres. Le premier livre n'est souvent que la reconnaissance et la détermination des droits féodaux; au second, le législateur s'appuie, dans presque tous les chapitres, sur les Pandectes.

Les *Établissements des métiers de Paris*, par Étienne Boileau, prévôt des marchands, qui contiennent les statuts des cent cinquante métiers de Paris.

CHAPITRE XII

I

LES LÉGISTES

Le fils de saint Louis, Philippe le Hardi, revenant de la croisade, déposa cinq cercueils aux caveaux de Saint-Denis. Il héritait à la fois de son père et de plusieurs de ses frères (Valois, Auvergne, Toulouse). La mort du comte de Champagne, roi de Navarre, qui ne laissait qu'une fille, mit encore la jeune héritière entre les mains du roi de France, qui lui fit épouser son fils.

Cette grande puissance regardait vers le Midi. Déjà maîtresse de la Navarre, la maison de France convoitait l'Aragon après Naples, l'Espagne après l'Italie. Cependant elle avait, à cette époque, rencontré la borne qu'elle ne devait passer de longtemps. De toutes parts elle excitait la défiance et la haine.

Le règne du frère de saint Louis était à jamais souillé par le sang du jeune Conradin. Les Vêpres siciliennes commencèrent la vengeance. La Sicile échappa à Charles d'Anjou. Sa flotte fut détruite sous ses yeux, tandis qu'assis au rivage il rongeait son sceptre sans pouvoir la secourir.

Son fils, plus malheureux encore, fut pris dans un combat naval, et forcé de renoncer à la Sicile. L'Aragon, allié des Siciliens, avait été donné par une bulle au frère du roi de France. Philippe ne réussit point à mettre la bulle à exécution (1285), Il n'avait pas été plus heureux dans son intervention en Castille (1276). Il y soutenait les infants de la Cerda, princes d'origine française du côté maternel. Ils avaient pour eux l'aveugle partialité de leur aïeul Alfonse X, l'astronome et le législateur. La nation ne voulut point des parents du roi de France. Elle préféra leur oncle, Sanche le Brave, le vainqueur des Maures.

Les légistes, qui avaient gouverné les rois anglais dès le xiiᵉ siècle, au xiiiᵉ saint Louis,

Alfonse X et Frédéric II, furent, sous le petit-fils de saint Louis, les tyrans de la France. Ces *chevaliers en droit*, ces âmes de plomb et de fer, les Plasian, les Nogaret, les Marigni, procédèrent avec une horrible froideur dans leur imitation servile du droit romain et de la fiscalité impériale. Les Pandectes étaient leur Bible, leur Évangile. Rien ne les troublait dès qu'ils pouvaient répondre à tort ou à droit : *Scriptum est...* Avec des textes, des citations, des falsifications, ils démolirent le moyen âge, pontificat, féodalité, chevalerie. Ils allèrent hardiment *appréhender au corps* le pape Boniface VIII, ils brûlèrent la croisade elle-même dans la personne des Templiers.

Ces cruels démolisseurs du moyen âge sont, il coûte de l'avouer, les fondateurs de l'ordre civil aux temps modernes. Ils organisent la cen-

Philippe III, 1270. — 1272. Il va faire reconnaître son autorité dans le comté de Toulouse et emprisonne le comte de Foix. — 1272. Premières lettres d'anoblissement données à Raoul, argentier du roi. — 1274. Cession du comté Venaissin au pape. — 1275. L'ordonnance de 1275, sur les amortissements, favorable aux gens de main morte, règle longtemps la jurisprudence sur cette matière. — 1276. Mort du fils aîné du roi; Pierre de la Brosse en accuse la reine, belle-mère du prince. Il est pendu à Montfaucon. — 1285. Guerre contre le roi d'Aragon; prise de Perpignan et de Gironne; le roi meurt au retour de cette expédition.

tralisation monarchique. Ils jettent dans les provinces des baillis, des sénéchaux, des prévôts, des *auditeurs*, des tabellions, des procureurs du roi, des maîtres et peseurs de monnaie. Les forêts sont envahies par les verdiers, les gruiers royaux. Tous ces gens vont chicaner, décourager, détruire les juridictions féodales. Au centre de cette vaste toile d'araignée, siège le conseil des légistes sous le nom de parlement fixé à Paris (1302). Là, tout viendra peu à peu se perdre, s'amortir sous l'autorité royale. Ce droit laïque est surtout ennemi du droit ecclésiastique. Au besoin les légistes appelleront à eux les bourgeois. Eux-mêmes ne sont pas autre chose, quoiqu'ils mendient tous les jours l'anoblissement, en persécutant la noblesse.

Cette création du gouvernement coûtait certainement fort cher. Nous n'avons pas ici de détails suffisants; mais nous savons que les sergents des prévôts, c'est-à-dire les exécuteurs, les agents de cette administration si tyrannique à sa naissance, avaient d'abord, le sergent à cheval trois sols parisis, et plus tard six sols; le sergent à pied dix-huit deniers, etc. Voilà une armée judiciaire et administrative.

Tout à l'heure vont venir des troupes mercenaires. Philippe de Valois aura à la fois plusieurs milliers d'arbalétriers génois. D'où tirer
les sommes énormes que tout cela doit coûter?
L'industrie n'est pas née encore. Cette société
nouvelle se trouve déjà atteinte du mal dont
mourut la société antique. Elle consomme sans
produire. L'industrie et la richesse doivent
sortir à la longue de l'ordre et de la sécurité.
Mais cet ordre est si coûteux à établir, qu'on
peut douter pendant longtemps s'il n'augmente
pas les misères qu'il devait guérir.

Une seule circonstance aggrave infiniment
ces maux. Le seigneur du moyen âge payait
ses serviteurs en terres, en produits de la terre;
grands et petits, ils avaient place à sa table. La
solde, c'était le repas du jour. L'immense
machine du gouvernement royal qui substitue
son mouvement compliqué aux mille mouvements naturels et simples du gouvernement
féodal, cette machine, l'argent seul peut lui
donner l'impulsion. Si cet élément vital manque
à la nouvelle royauté, elle va périr, la monarchie se dissoudre, et toutes les parties retombe-
ront dans l'isolement, dans la barbarie du gouvernement féodal.

Voilà le secret de la prodigieuse rapacité des gouvernements du xive et du xve siècle. Le sévère Philippe le Bel, comme le fastueux Philippe de Valois, l'économe Louis XI, comme le prodigue Jean, tous ont faim et soif d'argent. Tous saisissent à l'aveugle les premières ressources qui sont sous leurs mains, déshonorantes, éphémères, ruineuses même, n'importe. Vol, fausse monnaie, confiscation, meurtre, ils s'informent peu du moyen.

Ajoutez que les besoins du luxe se font sentir, que les artistes italiens vont arriver, qu'il faut au prince des joyaux, des sceaux admirables, que dis-je? de précieux manuscrits, qui sont des joyaux encore. L'architecture civile va peu à peu commencer à côté de l'architecture religieuse. Ces charmants palais du xive siècle, dont nous admirons encore quelques gracieuses ogives, quelque élégante tourelle, c'est de la sueur et du sang. Ainsi les progrès même de l'art et de la pensée contribuaient alors à aggraver le sort du peuple, qu'ils devaient plus tard adoucir.

II

PHILIPPE LE BEL

Ceci simplifie l'histoire de Philippe le Bel, de ses fils, et des Valois. Un immense besoin, une avidité immense, voilà tout ce gouvernement. Son histoire se réduit à un seul acte, la confiscation. .

D'abord profitant des embarras d'Édouard Ier occupé contre l'Écosse, Philippe lui achète le Quercy (1286); puis, au lieu de payer, il rompt avec lui, saisit le prétexte de quelques insultes faites par les matelots anglais aux Normands, et, sans écouter Édouard, il confisque la Guyenne (1293). Il frappe les négociants étrangers, les Lombards, les négociants indigènes, les juifs; chasse les uns et les autres, en retenant leurs biens; bat les Anglais en Guyenne, les Flamands, alliés d'Édouard, à Furnes, et signe une trêve de deux ans avec Édouard, occupé contre Baillol en Écosse (1297).

Cependant, craignant que le comte de Flandre ne donne sa fille au fils du roi d'Angleterre, il attire la jeune comtesse, et la garde prisonnière à la Tour du Louvre, contre toute chevalerie. Le comte lui-même, poussé par une armée française, vient traiter à Paris, et s'y voit aussi retenu. Philippe va prendre possession de cette riche Flandre, et la reine pleure de se voir effacée en parure par les marchandes de Bruges : « Ici, dit-elle avec dépit, je n'aperçois que des reines. »

Ces paroles exprimaient assez la haine des grands contre l'industrialisme, cette vieille jalousie des nobles, des guerriers contre les marchands, qui avait amené l'extermination des populations les plus laborieuses et les plus pacifiques de l'antiquité, qui récemment encore, au xiiiᵉ siècle, avait contribué autant que le fanatisme à la ruine des municipes du Midi. C'était alors le tour des communes du Nord. Mais celles-ci ne laissèrent pas si aisément dompter. Elles trouvèrent dans l'Angleterre un secours plus efficace que les Languedociens ne l'avaient trouvé dans l'Aragon.

D'abord le gouverneur français, Jacques de Châtillon, ayant poussé les Flamands à bout, ils se révoltent sous la conduite de Pierre Konig, consul des tisserands de Bruges. Toute la chevalerie de France vient châtier ces manants, et en reçoit la terrible leçon de Courtrai. Des princes du sang, un connétable, tout un monde de noblesse, vient à l'aveugle s'entasser, s'enterrer dans un canal où les Flamands les égorgent à plaisir. Ils en rapportèrent, pour orner leurs églises, quatre mille paires d'éperons dorés (1302). Philippe, accablé, se réconcilia avec Édouard, battu lui-même par les Écossais, et lui rendit la Guyenne (1303). Ils abandonnèrent leurs alliés. Cette paix honteuse fut couronnée par le triste mariage d'Isabelle de France et du jeune Édouard. La fille de Philippe le Bel apporta en dot la mort et la ruine.

Cependant la guerre de Flandre avait forcé le roi de recourir aux derniers expédients. Il n'avait plus de juifs ni de Lombards à pressurer; il arracha aux bourgeois, aux petits nobles leur vaisselle d'argent. Il commença à falsifier la monnaie, payant en monnaie faible et recevant en monnaie forte, défendant aux seigneurs de frapper des pièces d'argent, se réservant ainsi d'être le seul faux-monnayeur. Enfin il ne se contenta plus de cet impôt subreptice et frauduleux : il exigea le premier impôt déclaré, la *mal-tôte*. Ce nom expressif, trouvé par le peuple, fut bientôt adopté hardiment par le roi.

Le clergé seul avait de grands biens; Philippe le Bel y porta la main, et de son autorité commença à lever des décimes. D'autre part, Boniface VIII avait institué un évêché à Pamiers sans la participation du roi; Philippe défendit de laisser sortir aucun argent du royaume. Boniface envoya un légat, il fut emprisonné; il lança une bulle, elle fut brûlée; pis que brûlée, mutilée, falsifiée par les scribes royaux; on la répandit sous cette forme.

Voilà pourtant un premier appel à l'opinion : Philippe, appuyé de l'Université de Paris, fait procéder contre le pape. Il tient contre lui une assemblée générale, où les députés des villes sont appelés à côté des barons et des évêques (premiers états généraux, 1302). Guillaume de Nogaret, procureur du roi de France, informe contre le chef spirituel de la chrétienté, obtient sentence contre lui, et se charge de l'exécution. Le hardi procureur se rend à Anagni pour mettre la main sur le pape. L'un des ennemis personnels de Boniface VIII, Scierra Colonna, qui accompagna Nogaret, frappa, dit-on, le vieillard de son gantelet de fer. Délivré par les gens d'Anagni, Boniface mourut de rage et de désespoir (1303).

« Je le vois, s'écrie Dante, il entre dans Anagni, le fleurdelisé. Je vois le Christ captif en son vicaire ; je le vois moqué une seconde fois ; il est de nouveau abreuvé de fiel et de vinaigre ; il est mis à mort entre des brigands. »

Il y eut horreur dans la chrétienté, mais il y eut terreur aussi. Le prince qui avait fait ce coup hardi, avait comme jeté le gant à Dieu et au monde. Il acheta une flotte aux Génois, et détruisit celle des Flamands. Il marcha lui-même contre eux, et gagna la bataille de Mons-en-Puelle (1304). Toutefois, les voyant revenir le lendemain, il négocia, et obtint en gage la Flandre française.

Un autre gage bien plus important qu'il mit bientôt en ses mains, ce fut le pape lui-même. Les pontifes avaient à leur insu préparé cet événement depuis un siècle, en nommant une foule de cardinaux français, en haine des empe-reurs. En 1305, Philippe se rend dans une forêt de Saintonge, près de Saint-Jean-d'Angely. Le gascon Bertrand de Goth, archevêque de Bor-deaux, l'y attendait. Là se fit le marché diabo-lique. Le roi lui promit de le faire pape ; lui, il promit tout ce que le roi voulut, de venir se mettre à sa discrétion à Avignon, de condamner la papauté elle-même en Boniface VIII; pour la dernière condition, elle était telle, que Philippe exigea qu'il s'y soumît sans la connaître. Ce n'était pas moins que la suppression de l'ordre des templiers, la ruine de quinze mille chevaliers chrétiens. Bertrand jura, et fut pape.

Alors commença ce que les Italiens ont appelé la *captivité de Babylone.* Le pontife vint s'établir dans la jolie petite Avignon. Ses gracieux remparts avec leurs petites tourelles ne pouvaient mettre le pape à l'abri ni de la tyrannie du roi, ni de l'insolence des bandes mercenaires, qui, sous un Duguesclin ou quelque autre chef, venaient parfois le rançonner. Cette humiliation ne finit que par un mal plus grand encore : Rome voulut aussi un pape, et le grand schisme commença.

En 1307, Philippe exigea du pape l'exécution de sa dernière promesse. Cet ordre illustre, dont saint Bernard avait dressé les statuts, qui pendant longtemps avait continué la croisade presque à lui seul, on l'extermina d'un seul coup.

Il est vrai que depuis qu'on avait perdu les

dernières possessions d'outre-mer (1291), les templiers n'étaient plus formidables qu'aux chrétiens. Ces hommes farouches, habitués aux guerres sans quartier des Assassins de Syrie, en avaient, disait-on, adopté les mœurs et les croyances. Tout porte à croire cependant que les infamies dont on les accusa étaient le crime de quelques-uns et non de tous. Peut-être leurs juges accueillirent-ils trop facilement les ressemblances extérieures qui se trouvaient entre les templiers et les sectes musulmanes les plus odieuses. La procédure fut atroce. Les juges ecclésiastiques arrachèrent des aveux par la torture, et brûlèrent comme relaps ceux qui osèrent ensuite les rétracter.

Le grand maître, Jacques Molay, brûlé à Paris avec plus de soixante chevaliers, protesta jusqu'au bout de son innocence, et ajourna le roi et le pape à comparaître devant Dieu avant une année. La prédiction s'accomplit (1314).

Les trois fils de Philippe le Bel, qui régnèrent l'un après l'autre, vécurent peu (1314-1328). Le premier, Louis l'Étourdi (le Hutin), se laissa arracher par la noblesse une grande partie de ce que son père avait péniblement acquis. Ce grand œuvre de politique et de ruse sembla fondre d'un coup dans les mains de ce jeune homme.

Dès les dernières années de Philippe le **Bel**, les réclamations avaient commencé. On avait été obligé d'abandonner la procédure romaine introduite par les derniers rois, et d'en revenir au combat judiciaire. Le premier cri partit de la Champagne et du Vermandois; les nobles élevèrent partout la voix au nom de leurs provinces. Des confédérations se formèrent, et chacune obtint une charte (Bourgogne, Auxerre et Tonnerre, Beauvoisis, Ponthieu, Champagne, Artois, Forez, Normandie). Tous les barons voulaient revenir *aux bonnes coutumes* du temps *de saint Louis*, c'est-à-dire au temps où ils avaient encore quelque indépendance.

Louis le Hutin rendit les droits régaliens aux seigneurs du Nord, et accrut les libertés du Midi. Au lieu de résister à cette réaction, il aima mieux s'y associer, se liguer avec les ennemis de la royauté contre les conseillers de son père. Enguerrand de Marigny qui avait été sous Philippe le Bel *comme un maire du palais*, le chancelier Raoul de Presles, sont accusés, jugés, condamnés sans être entendus;

Marigny est pendu à Monfaucon (1315). Leurs biens sont confisqués. Mais cette ressource dure peu. Le roi vend aux juifs le retour, aux serfs de ses domaines la liberté. Il les oblige tyranniquement de s'affranchir; il déclare *que, dans le royaume des Francs, il ne peut y avoir de serfs*. Ce jeu de mots emphatique avec lequel le royal marchand faisait valoir sa marchandise, toucha médiocrement les pauvres gens; ils ne virent dans cette acquisition forcée d'une liberté illusoire qu'une nouvelle vexation.

Louis finit par revenir aux légistes, aux amis de son père, et ses deux successeurs suivirent la même voie. Les grands furent persécutés à leur tour. Les deux partis s'accusèrent tour à tour de sorcellerie, d'empoisonnement. C'est une époque sombre et sanglante, pleine d'horribles procès, de hideuses exécutions. La barbarie du moyen âge subsiste à côté des premiers essais de l'ordre administratif et judiciaire; la chambre des comptes, l'administration des eaux et forêts, se forment; le Parlement achève de s'organiser, et en même temps l'on massacre les lépreux et les juifs. Des reines de France sont étranglées.

En Angleterre, c'est au contraire la reine qui

détrône et assassine son mari. L'efféminé Edouard II, livré à de jeunes favoris, était méprisé de sa femme Isabeau, fille de Philippe le Bel. Elle passe sur le continent avec son amant Mortimer, achète des troupes en Flandre et en France, obtient les secours de son frère, Charles le Bel, renverse son mari et le fait périr. Pour qu'on n'aperçût aucune trace de violence sur son corps, elle lui fit plonger un fer rouge dans les intestins (1326). Elle expia plus tard ce crime. Son fils Édouard III devenu grand, la tint toute sa vie dans une forteresse.

Les morts rapides des trois fils de Philippe le Bel, qui se succédèrent coup sur coup, semblaient approcher du trône son petit-fils Edouard III. Mais, dès la mort de l'aîné, Louis le Hutin, qui ne laissait qu'une fille, on avait reconnu, par une interprétation forcée de la loi salique, qu'un homme seul pouvait régner sur la France. Philippe le Long fit prononcer cette exclusion contre la fille de son frère Louis le Hutin (1316), Charles le Bel contre celle de Philippe le Long (1322).

A la mort de Charles (1328), son cousin Philippe de Valois fit exclure de même les filles de ses trois prédécesseurs, ainsi que la fille de

Philippe le Bel, Isabeau, et son fils Edouard III.
Isabeau, qui gouvernait encore au nom de son
fils, n'avait garde de réclamer la France,
lorsque déjà elle se maintenait avec peine en
Angleterre, et, quand Édouard se fut affranchi
de sa mère, la guerre d'Écosse ajourna ses
réclamations [1].

---

1. 1315. Louis X. Mort de Marigny ; expédition malheureuse de Louis X' en Flandre : les Flamands forcent cependant leur comte à faire la paix. — Louis X meurt (1316).
La reine accouche cinq mois après d'un fils qui meurt au
bout de quatre jours.

Philippe V le Long, 1316, d'abord régent, puis roi. — Les
Albigeois, les Vaudois, les Begards ou Fraticelli, sont
vivement poursuivis par les inquisiteurs en Languedoc
(1319). — Supplice d'un grand nombre de lépreux et de
juifs. Paix avec la Flandre (1320). Le roi garde Orchies,
Lille et Douai. Il meurt (1322), laissant quatre filles.

Charles IV le Bel (1322) confisque les biens des Lombards, fait pendre le seigneur de Casaubon, parent du
pape Jean XXII. — 1324. Conquête de l'Agenois et de la
Guyenne sur Edouard II, qui tardait à venir rendre hommage. Ces deux provinces lui sont restituées à la paix
de 1325. Charles IV meurt, 1328. — La reine, après deux
mois, accouche d'une fille.

Philippe VI de Valois, d'abord régent, puis roi.

CHAPITRE XIII

I

PHILIPPE DE VALOIS

En excluant les femmes de la couronne, la France se proclamait une monarchie militaire. En effet, l'avènement de Philippe de Valois est l'époque d'une sorte de réaction du principe militaire et féodal (1328).

Le nouveau roi, ambitieux et guerrier, a besoin de la noblesse. Ses ennemis naturels sont les marchands de Flandre, auxquels la noblesse de France, malgré sa revanche de Mons-en-Puelle, ne peut encore pardonner Courtrai.

Ces Flamands viennent de chasser leur comte français, Louis de Nevers. Toute la noblesse de

France prend les armes. Les gens d'Ypres et de Bruges, quoique abandonnés des Gantois, vinrent bravement jusqu'à Cassel. Ils avaient un coq sur leurs étendards, et disaient : « Le roi Cassel prendra, quand ce coq chantera. » Pressés de retourner à leurs affaires, ils risquèrent la bataille. Les Français furent encore surpris à table, comme à Mons-en-Puelle. Mais ils eurent le temps de se remettre. Les Flamands succombaient sous le poids des armures dont ils étaient affublés; ils s'étaient avisés de porter à pied de lourdes cuirasses de cavaliers, à l'envi de la noblesse.

C'était certainement alors un grand roi que le roi de France. Il venait de replacer la Flandre sous le joug français. Il avait reçu l'hommage du roi d'Angleterre pour ses provinces françaises. Ses cousins régnaient à Naples et en Hongrie. Il protégeait le roi d'Écosse. Il avait autour de lui comme une cour de rois, ceux de Navarre, de Majorque, de Bohême. Le dernier, le fameux Jean de Bohême, de la maison de Luxembourg, dont le fils fut empereur sous le nom de Charles IV, déclarait ne pouvoir vivre qu'à Paris, *le séjour le plus chevaleresque du monde*. Il voltigeait par toute l'Europe, mais revenait toujours à la cour du grand roi de France. Il y avait là une fête éternelle, toujours des joûtes, des tournois, la réalisation des romans de chevalerie, le roi Arthur et la table ronde.

Rien pourtant n'était au fond moins chevaleresque que la politique de Philippe de Valois. Il avait commencé par dispenser les seigneurs de payer leurs dettes. Il avait essayé de s'emparer de la Bretagne, en donnant au duc l'Orléanais en échange; mais les Bretons ne se laissèrent pas donner. Philippe fit du moins épouser à son neveu, Charles de Blois, la jeune héritière de Bretagne. Il avait encore bien d'autres projets; il eût voulu chasser Édouard III de ses provinces de France, la détrôner en Angleterre, et ceindre la couronne impériale. Sa conduite à l'égard de l'Empereur était singulièrement machiavélique. Tout en négociant avec lui, il empêchait le pape de l'absoudre.

Le pape était son sujet, son esclave, il le gouvernait par la crainte. Il avait menacé Jean XXII de le faire poursuivre comme hérétique par l'université de Paris. Benoît XII avoua en pleurant aux ambassadeurs impériaux que le roi de France l'avait menacé de le traiter plus mal que n'avait été traité Boniface VIII, s'il absolvait l'Empereur.

Le même pape se défendit avec peine contre une nouvelle demande de Philippe, qui eût assuré sa toute-puissance et l'abaissement de la papauté. Il voulait que le pape lui donnât pour trois ans la disposition de tous les bénéfices de France, et pour dix le droit de lever des décimes de la croisade par toute la chétienté. Devenu collecteur de cet impôt universel, Philippe eût partout envoyé ses agents, et peut-être enveloppé l'Europe dans le réseau de l'administration et de la fiscalité française.

Le premier signal de la résistance contre cette puissance menaçante partit de la ville de Gand. Les Gantois, qui sans doute se repentaient de n'avoir pas soutenu ceux d'Ypres et de Bruges à la bataille de Cassel, se soulevèrent, et prirent pour chef un brasseur, nommé Jacquemart Arteveld. Soutenu par les corps des métiers, principalement par les foulons, Arteveld organisa dans la Flandre une vigoureuse tyrannie. Son allié naturel était Édouard III. Mais les Flamands hésitaient à se liguer avec l'ennemi du royaume, pour déclarer la guerre à leur suzerain. Ils s'étaient même engagés à payer deux millions de florins au pape s'ils attaquaient le roi de France : ils craignaient de payer. Arteveld, pour les tirer de leur hésitation, décida Édouard à se porter lui-même pour roi de France (1339).

L'intérêt du roi d'Angleterre était de brusquer la guerre ; celui du roi de France de la faire traîner en longueur. Plus riche et plus puissant, il voulait user, ruiner son ennemi. On le vit pendant six années refuser constamment la bataille à Édouard, même à ses moindres lieutenants, et cela, lorsqu'il avait une armée immense, où se trouvaient quatre rois, six ducs, trente-six comtes, quatre mille chevaliers. Cette guerre ignoble, qui mangeait les peuples et déshonorait la France, n'eut dans cet intervalle d'autre événement que la défaite de la flotte française à l'Écluse (1340), et la résistance de Tournai contre Édouard.

Les deux concurrents se faisaient en Bretagne une guerre moins directe, mais plus sérieuse. Ce que l'Écosse était pour Édouard, la Bretagne l'était pour Philippe, un obstacle, une guerre intérieure, un mal domestique. Il voulait y établir son neveu, Charles de Blois, qui avait épousé Jeanne, fille du dernier duc. Mais le candidat des Bretons était l'oncle de Jeanne, Jean de Montfort, descendu par sa mère de ces Montfort qui avaient exterminé les Albigeois, et introduit les communes anglaises dans le Parlement.

Cette rude Bretagne fut comme un terrain mixte, une *marche*, un *border*, où les chevaliers des deux partis allaient aux aventures. Ce qu'il y eut de romanesque, c'est que les deux concurrents, Jean et Charles, furent tour à tour prisonniers, et que leurs femmes, Jeanne de Montfort et Jeanne de Blois, soutinrent des sièges et commandèrent les armées. Le parti français fut singulièrement affaibli par la barbarie impolitique de Philippe de Valois, qui attira à Paris les principaux seigneurs de Bretagne, et les fit décapiter sous prétexte de trahison (1344).

La prolongation de la guerre, et le besoin de nouvelles ressources donnèrent lieu en 1346 au premier signe de vie nationale. Les États obtinrent du roi le redressement de quelques abus. L'humiliation de ses armes le rendait plus docile. Cette année même, Édouard, qui voulait transporter une armée en Guyenne, fut poussé par le vent en Normandie. N'y trouvant aucun obstacle, il prit Caen, Louviers, et poussa ses ravages jusque dans l'Ile-de-France, jusqu'à Saint-Cloud, jusqu'à Boulogne, à la vue même de Paris.

Il était impossible pour Philippe de se refuser au combat. Il rassembla en un instant huit mille cavaliers et soixante mille fantassins, entre autres six mille archers génois, et chaque jour il lui venait des renforts. Édouard eut beaucoup de peine à faire retraite au milieu d'un pays ennemi, à passer tant de rivières, lorsque partout les ponts étaient coupés ou gardés.

Parvenu à Crécy, il se trouvait serré de si près, son armée souffrait tant dans cette retraite rapide, qu'il s'arrêta et fit face. Le roi de France, irrité de cette insolence, marche à lui, et ordonne l'attaque, sans vouloir entendre que la corde des arcs est trempée de pluie et ne peut faire aucun service. Les archers génois réclament, et le roi ordonne aux gens d'armes qu'on leur passe sur le ventre pour aller à l'ennemi.

Le roi d'Angleterre au contraire ne comptait point sur ses gens d'armes. Il n'avait presque que des fantassins, douze mille Gallois, six mille Irlandais, dix mille archers anglais. Cette armée, qui se composait en tout de trente-deux mille hommes, appartenait donc à ces races, si longtemps opprimées par les rois normands d'Angleterre. Les Anglais mêmes qui combattaient à pied avec l'arc, étaient certainement des gens du peuple, c'est-à-dire des descendants des vaincus, des hommes de race bretonne et saxonne. La bataille de Crécy ne fut point celle de l'Angleterre contre la France, mais du peuple anglais contre la noblesse française. Le peuple vainquit. Les Français laissèrent sur la place onze princes, quatre-vingts seigneurs bannerets, douze cents chevaliers.

Édouard s'empara l'année suivante de Calais; Philippe n'amena une nouvelle armée devant cette ville que pour la voir prendre (1347). Édouard voulait la punir de sa résistance; elle fut sauvée par le dévoûment d'Eustache de Saint-Pierre et des bourgeois qui vinrent, la corde au cou, se mettre à la discrétion du vainqueur.

Calais, repeuplé par les Anglais, fut pendant trois siècles une porte ouverte à l'étranger; l'Angleterre fut comme rejointe au continent; il n'y eut plus de détroit.

La perte d'une ville si importante ne fut pas compensée par l'acquisition de Montpellier et du Dauphiné que fit peu après Philippe de

Valois. L'effroyable peste de 1348 fit quelque temps surseoir à la guerre. Froissard en dit un seul mot : « Dans ce temps une maladie que l'on nomme épidémie courait, dont bien la tierce partie du monde mourut. »

II

JEAN LE BON — CHARLES V

Le fils de Philippe de Valois, JEAN LE BON (1350), suivit ses traces, se livra comme lui à la noblesse, fut battu comme lui. Plus l'esprit de la chevalerie s'effaçait, plus on s'efforçait d'en faire revivre la forme. Jean prit pour modèle le plus léger, le plus prodigue des souverains de cet âge, le roi Jean de Bohême. Ce roi aventurier avait eu du moins le mérite de se faire tuer pour la France à la bataille de Crécy. Jean de Bohême, aveugle et octogénaire, entendant dire que les choses allaient mal, fit attacher son cheval à ceux de deux de ses chevaliers ; tous trois ensemble se lancèrent à travers les Anglais, et y trouvèrent la mort. Cet héroïsme aveugle fut imité par Jean le Bon ; il institua l'ordre de l'Etoile, dont les chevaliers juraient de ne pas reculer de quatre arpents.

Le nouveau roi, dominé par un favori, Charles d'Espagne, fait tuer sur un soupçon, le connétable d'Eu, principal conseiller de son père. Le favori devient connétable, et obtient encore du roi un comté qui appartenait au jeune roi de Navarre, Charles le Mauvais, que Jean avait déjà dépouillé de la Champagne. Ce prince, qui descendait d'une fille de Louis le Hutin, associa désormais sa cause à celle d'Édouard III, qui soutenait aussi le droit des femmes à la couronne de France. Il fit assassiner Charles d'Espagne, et conspira contre Jean, qui l'emprisonna et mit à mort ses complices (1354).

Jean, voulant s'assurer d'une armée régulière, avait imaginé d'offrir une solde aux seigneurs; celle d'un chevalier banneret était de quarante sols par jour. Ces fiers barons se ravalèrent ainsi au rang des soldats mercenaires. Pour soutenir cette dépense énorme, l'altération des monnaies, la vente des monopoles, la persécution des Lombards, tous les petits moyens ordinaires ne suffisaient pas. Il fallut recourir aux états généraux (1355).

Sur les huit cents membres de ces états, il y

eut quatre cents bourgeois. Ils établirent l'impôt du sel (gabelle), et la taxe sur les marchandises. Mais les nombreuses révoltes auxquelles les impôts donnèrent lieu, obligèrent d'y substituer bientôt l'impôt personnel. L'argent devait être versé entre les mains des trésoriers des états, qui se rassembleraient l'année suivante pour en examiner l'emploi. Avec cet argent, on devait lever cent cinquante mille hommes pour terminer la guerre d'un seul coup.

Elle fut terminée en effet, mais d'une manière déplorable. Le prince Noir, fils du roi d'Angleterre, se jeta en France par la Guyenne, avec la même étourderie que son père en 1346. Il s'en tira avec le même bonheur. Parvenu à Poitiers avec huit mille hommes, il se voit en face de Jean qui en avait cinquante mille. Il offre à Jean de céder tout ce qu'il a conquis. Jean veut le faire prisonnier, et tombe lui-même entre ses mains. Cette fois, la noblesse ne se fit pas tuer comme à Courtrai et à Crécy; elle se laissa prendre, et elle ruina la France pour payer sa rançon (1356).

Cette dégradation de la noblesse mit le pouvoir aux mains des bourgeois. Le prévôt de Paris, Étienne Marcel, fortifia la ville et arma

le peuple. Le dauphin Charles, régent pendant
la captivité de son père, assemble les états du
nord de la France (langue d'oil). Ces états
s'emparent de l'administration. Ils ordonnent
que tout homme soit armé, que les prévôts et
vicomtes soient élus, qu'un conseil des notables
soit créé au-dessus de tous les officiers du roi.

Le dauphin essaie d'éluder ces demandes,
les bourgeois assiègent son palais, et Marcel
fait massacrer ses favoris à ses pieds. Toute la
noblesse se retire des états; les bourgeois seuls
y restent. Marcel voulait, dit-on, transférer la
couronne au roi de Navarre, et lui ouvrir les
portes de Paris, lorsqu'il fut assassiné par les
partisans du dauphin (1358). Arteveld venait de
périr à Gand (1345), Rienzi à Rome (1354).

Ainsi échoua la tentative des bourgeois pour
gouverner la France. Les villes, si rapprochées
en Flandre, étaient en France éloignées les
unes des autres, et trop diverses d'esprit pour
s'entendre et former corps. Quoique plusieurs
eussent reçu de Marcel le chaperon bleu et
blanc des Parisiens, elles ne s'unirent pas
étroitement avec Paris. L'esprit communal
dominait encore l'esprit national. C'est pour
Calais, et non pour la France, qu'Eustache de

14

Saint-Pierre se dévoua. Ce qui le prouve, c'est qu'il demanda et obtint d'Édouard la permission de rentrer dans la ville, et se fit Anglais.

Les états généraux du XIVe siècle n'étaient pas vraiment généraux. Les villes y étaient représentées, mais non les campagnes. Celles-ci se soulevèrent pendant l'insurrection parisienne, mais ces deux faits furent étrangers l'un à l'autre. Les bourgeois ne se souciaient pas plus que les nobles de la misère du paysan. Celui-ci, que la noblesse appelait *Jacques Bonhomme*, prit les armes, et après d'horribles excès, il fut écrasé. La cavalerie des gentilshommes domina victorieusement les campagnes, battit les routes, affama les villes, les bourgeois furent obligés de se soumettre aussi bien que les paysans.

Toutefois, cette horrible guerre avait rendu un service à la France. Elle avait éveillé la conscience nationale par l'excès des maux. Les villes avaient tenté un premier essai de liberté, et le peuple même des campagnes, jusque-là muet, s'était révélé, au moins par un horrible cri de douleur (1358).

L'Angleterre, en tenant le roi et les seigneurs, avait cru tenir la France. Elle s'aperçut qu'il ne lui manquait qu'une chose, la nation. Pour étreindre une telle nation, l'Anglais avait les bras trop courts. Ne pouvant l'embrasser, il essaya de la mutiler, de la ruiner. Il demanda d'abord la moitié, puis le tiers du royaume en toute souveraineté (Calais et toute l'Aquitaine); de plus, trois millions d'écus d'or, comme rançon du roi. Le régent, qui lui-même fut bientôt roi, ne refusa rien, promit, jura, paya (1360, traité de Bretigny; 1364, avènement de CHARLES V).

Le nouveau roi était un jeune homme maladif, peu guerrier, mais grand clerc; il fonda la Bibliothèque royale, et s'enfuit le premier à la bataille de Poitiers. Ainsi, en Allemagne, au chevaleresque Jean de Bohême avait succédé le pacifique et politique Charles IV. Notre Charles V assoupit la France, qui ne demandait pas mieux après tant d'efforts. Il substitua les assemblées de notables aux états généraux, les prévôtés royales au gouvernement des communes. Il se fia peu aux nobles, aux troupes féodales; il acheta plutôt des soldats mercenaires, mieux disciplinés et plus braves.

Les meilleurs étaient les Bretons et leur fameux chef, Duguesclin. La guerre de Bretagne ayant fini à la bataille d'Auray par la mort de Charles de Blois et le triomphe de Montfort (1365), les Bretons ne savaient plus que faire chez eux, et se vendaient à bon marché.

Quant aux Anglais, Charles V observa et attendit. En 1368, lorsqu'ils étaient affaiblis par leurs succès mêmes, amollis et soûlés des délices du Midi, lorsque le vieil Édouard s'endormait avec ses maîtresses, que son fils Lionel mourait d'indigestion en Italie, et qu'à Bordeaux le prince Noir languissait, selon quelques-uns, des mêmes excès, alors le roi de France se moqua d'eux, et les envoya défier par un marmiton.

Le prince Noir s'était engagé à soutenir le roi de Castille, don Pedro le Cruel, le meurtrier de tous ses parents, l'ami des juifs et des Maures. Duguesclin, emmenant avec lui les soldats mercenaires qui pillaient la France, réussit à établir sur le trône de don Pedro, son frère bâtard Henri de Transtamare (1370), qui devint le plus fidèle allié des Français contre l'ennemi commun.

En France, les Anglais, partout battus, finirent par ne plus avoir que Bordeaux, Bayonne et Calais. Par deux fois ils envoyèrent une forte armée, qui traversa tout le pays, de Calais en Bourgogne, et de là en Guyenne. Charles les laissa faire; il défendit à ses généraux de hasarder aucune bataille. Les Anglais trouvaient partout les villes bien fermées, bien gardées, ne rencontraient rien, ni hommes, ni vivres, et périssaient de misère dans leur promenade triomphale; ils arrivaient à Bordeaux, sans chevaux, sans habit, haves et affamés.

Il est vrai que la désolation des campagnes était effroyable; tous les villages étaient en feu. La fumée venait jusqu'à l'hôtel de Saint-Paul, où se tenait le roi clos et tranquille avec ses livres, ses clercs, et ses hommes de loi, qui lui écrivaient alors contre les papes le fameux *Songe du Vergier*. Quand on lui montrait l'incendie. « Laissez faire, disait-il, avec toutes ces fumées, ils ne m'ôteront pas mon héritage. »

Ce gouvernement froidement cruel finissait pourtant par mettre le peuple contre lui. La fin du règne de Charles V (1379-1380) fut marquée par trois grandes révoltes, celles du Languedoc, de la Flandre et de la Bretagne.

14.

Le roi avait confisqué cette dernière province sur Jean de Montfort, et y avait établi la gabelle. Son connétable Duguesclin y imposa vingt sols par feu, y rétablit la servitude de main morte, et défendit les affranchissements.

CHAPITRE XIV

I

CHARLES VI — GUERRES DES ANGLAIS

L'apparente restauration de la France par
Charles V ne pouvait guérir aucun de ses
maux. L'Angleterre s'était, il est vrai, détournée
de la France vers l'Espagne; aux mercenaires
on avait opposé des mercenaires; mais la
guerre était toujours imminente. La dispro-
portion des besoins et des ressources restait
la même. On eut plus rarement recours à
l'altération des monnaies; cette forme timide
de banqueroute ne rapportait pas assez, on y
substitua des impôts; impôts terribles, meurtriers, qui arrachaient au peuple le pain de la
bouche; la famine du jour payait la fête du

lendemain. Aussi, de grandes, de sanglantes révoltes, d'atroces justices du peuple.

Toutefois, au milieu de ces tragédies, la France commençait à se connaître, à prendre conscience de soi. Une guerre immense mêlait les populations de toutes les provinces. La nation ne pouvait encore être nue; du moins elle ne fut plus guère divisée qu'en deux moitiés que séparait la Loire. La dualité du Midi et du Nord, qui s'était fait sentir au xiiie siècle dans la guerre religieuse des Albigeois, se représenta sous la forme politique avec les Armagnacs et les Bourguignons.

Dans ces révolutions nouvelles, il n'y eut plus de vaines tentatives, plus de républiques communales, plus d'états soi-disant généraux. Au-dessus de l'esprit local s'éleva l'esprit national. La nationalité s'éveilla par la haine de l'étranger. La vie ne fut plus seulement dans les villes, les campagnes y participèrent. Le paysan comprit qu'il était Français, et il délivra la France.

Ce que n'avaient pu faire ni les nobles, ni les bourgeois, ni les armées mercenaires, le paysan le fit. Le peuple des campagnes, qui, dans la jacquerie, avait apparu comme une bête sauvage, se fit homme, se transfigura, s'idéalisa dans la Pucelle d'Orléans. Elle prononça ce mot touchant, le premier peut-être où se soit produit le sentiment national : « Le cœur me saigne quand je vois le sang d'un Français. »

C'est l'Angleterre qui apprend à la France à se connaître elle-même. Elle est son guide impitoyable dans cette douloureuse initiation ; c'est le démon qui la tente et l'éprouve, qui la pousse l'aiguillon dans les reins, par les cercles de cet enfer de Dante qu'on appelle l'histoire du xive siècle.

L'épreuve n'est pas terminée au xve. Il faut descendre d'un degré encore pour frapper le fond, et remonter. Au moment où l'injustice est consommée, où l'Anglais se fait roi, alors la France se sent France ; elle proteste devant Dieu qu'elle n'a pas mérité de périr. Cette protestation ne peut sortir ni des grands, ni du roi, ni des villes : tous sont souillés ; elle sort du peuple, du peuple des campagnes, d'une femme, d'une vierge, de la Pucelle.

A la mort de Charles V, il y avait en France ce qui eût suffi pour perdre dix royaumes.

D'abord, trois oncles, trois rois au nom d'un enfant : Anjou, Berry, Bourgogne. Bourgogne était comme un souverain indépendant; Anjou voulait l'être, et pillait la France pour acheter l'Italie. Pendant que Charles V expirait, le duc d'Anjou volait son trésor.

L'avènement du petit Charles VI (1380) fut inauguré par l'établissement d'un nouvel impôt. Mais on savait si bien que le peuple était déjà poussé au dernier terme de sa patience, qu'on n'osait faire proclamer cette taxe. Un homme monta à cheval, sonna de la trompette, et quand les curieux s'assemblèrent, il dit le mot fatal, et s'enfuit à toute bride à travers les pierres qui volaient et les malédictions.

On y revint deux fois sans tirer un sol du peuple. Ils avaient pillé l'arsenal, et s'étaient armés, faute de mieux, de maillets de plomb. On ménagea ces *maillotins*, en attendant qu'on pût les punir.

La Flandre était en feu, Gand, dit-on, communiquait avec Paris. Reims, Châlons, Orléans, Blois, Beauvais, attendaient le succès des Flamands pour massacrer la noblesse. Liège et la Hollande étaient pour Gand. La Flandre française ne bougeait pas. Bruges était trop jalouse de Gand. Ypres l'abandonna au moment du danger. Mais les Gantois seuls étaient trente mille hommes armés; maillets, piques, chapeaux de fer, gants de cuir de baleine, rien ne manquait à leur équipement. Ils étaient conduits par Philippe Arteveld, qui était encore plus populaire que son père, qui rendait mieux ses comptes, et qui avait appelé les petites gens au conseil.

Les siens l'obligèrent de combattre à Rosebecque (1382). L'énorme bataillon carré des fantassins flamands fut peu à peu refoulé sur lui-même à coups de lances par la gendarmerie française. Une foule d'hommes périrent étouffés; presque aucun d'eux ne pouvait se servir de ses armes.

Paris aussi bien que Gand fut vaincu à Rosebecque. Au retour, les oncles du roi lui ôtèrent ses franchises, brisèrent les chaînes dont on barrait les rues, déclarèrent tous les biens des bourgeois confisqués, et les forcèrent de composer un à un.

Sous cette tyrannie, la France semblait encore le premier État de l'Europe. Elle seule avait quelque ordre, quelque unité. Le grand schisme déchirait l'Église depuis 1377. L'Allemagne flottait au hasard sous un empereur ivre (Wenceslas). Naples était tour à tour prise et reprise par Duras et Anjou. L'Angleterre, sous les oncles de Richard II (1377), était ruinée par leurs folles entreprises sur l'Espagne. Richard eut ses maillotins, et bien plus terribles (1381). Comme son aïeul Édouard II, il épousa une princesse française (1395), et périt comme lui (1400). Son cousin, Henri de Lancastre, qu'il avait exilé, revint, le détrôna, le fit égorger.

Cette révolution devait amener tôt ou tard le renouvellement de la guerre ; et le roi depuis quelques années était tombé en démence.

Ce jeune prince avait montré, au milieu de son goût effréné pour la dépense et les plaisirs, un peu de douceur et d'humanité. Il venait d'éloigner ses oncles du gouvernement et, par le conseil de son frère, le duc d'Orléans, de rappeler les ministres de Charles V, Bureau de la Rivière, Jean de Noviant, Clisson, etc. Les oncles, les grands en général, haïssaient ces parvenus, ces *marmousets* (ils les appelaient ainsi). Le duc de Bretagne avait essayé de faire assassiner le connétable, et refusait de livrer l'assassin. Le roi marche contre lui ; une apparition le trouble dans la forêt du Mans, il devient fou furieux, et retombe au pouvoir de ceux qui l'entourent.

Désormais tout dépendra du hasard qui mettra la personne du roi entre les mains de tel ou tel. La France est jouée à pair ou non. Chacun va disposer à son tour de cette main royale, dont le seing est devenu depuis un siècle une arme si terrible. Quand il reviendra à lui, le roi déplorera, dans ces courts intervalles, son asservissement et les ordres qu'il aura signés, mais il retombera bientôt dans le même état de faiblesse et de dépendance.

II

ARMAGNACS ET BOURGUIGNONS

Les deux rivaux étaient alors le duc de Bourgogne et le duc d'Orléans, frère du roi. Le premier était le plus riche prince de la chrétienté; il possédait la Flandre. Il y joignit plus tard le Brabant, et son fils Jean sans Peur épousa l'héritière du Hainaut et de la Hollande. A la puissance, ce fils ajouta la gloire. Sa croisade, qui fut la dernière, l'illustra, quoique malheureuse.

Les Turcs, sous Bajazet-l'*Éclair*, envahissaient l'Europe. Le sultan avait juré, dit-on, de faire manger l'avoine à son cheval sur l'autel de Saint-Pierre de Rome. L'empereur, roi de Hongrie, Sigismond, implorait des secours. La noblesse de France partit sous les ordres de Jean sans Peur. Tous furent tués ou pris à Nicopolis (1396), et il en coûta d'énormes rançons. Ce fut une glorieuse défaite, dont on ne pouvait accuser qu'un excès de bravoure. Jean sans Peur succéda peu après à son père.

Son rival, Louis d'Orléans, était un beau jeune prince, galant, adoré des femmes, qui protégeait les doctes et encourageait les arts; le tout aux dépens du trésor public. Il avait épousé, pour son argent, la fille du riche duc de Milan, Valentine Visconti; aimable et vertueuse épouse, qui, par un doux ascendant, soumettait le furieux Charles VI, son beau-frère, aux volontés du duc d'Orléans. Le peuple accusait de magie et d'empoisonnement la pauvre Italienne, et son mari lui faisait de continuelles infidélités. Elle, douce et résignée, lui élevait son bâtard Dunois parmi ses enfants. Louis d'Orléans, tout entier aux plaisirs et aux fêtes, n'avait qu'un souci, l'argent. Il lui arriva de faire établir un impôt, et la nuit de forcer le trésor avec une bande de gens armés pour en enlever le produit. Il s'était arrangé avec les faux monnayeurs, et partageait avec eux.

Jean sans Peur avait plus d'ambition. Il se voyait plus puissant encore que son père (mort en 1404). L'un de ses frères était duc de Limbourg et de Brabant, l'autre, comte de Nevers; de ses trois sœurs, la première était mariée au fils du comte de Hainaut, la seconde à Frédéric d'Autriche, la troisième au duc de Savoie.

Toute cette puissance l'encourageait à la plus grande entreprise qu'on pût faire alors, reprendre Calais sur l'Anglais; c'est celle qui immortalisa le grand Guise. Le duc d'Orléans retint l'argent destiné aux frais de l'expédition; elle manqua (1406).

Jean revint à Paris, la honte et la rage dans le cœur. Il y trouva son rival qui se vantait d'avoir obtenu les bonnes grâces de la duchesse de Bourgogne. Alors Jean résolut sa mort. Un soir qu'il rentrait de chez la reine où il avait soupé, fort gai, chantant, se battant la cuisse de son gant (c'était Vieille-Rue-du-Temple, au coin de la porte Barbette), des hommes d'armes fondent sur lui, et le hachent en morceaux (1407).

Jean quitta d'abord Paris, mais revint en force; non content d'avouer le crime, il voulut qu'on lui en sût gré, et fit prononcer, par le docteur de Sorbonne, Jean Petit, en présence de toute la cour, une longue et pédantesque apologie qu'on parut goûter, mais qui fit horreur.

Ce qui le releva bien plus dans l'esprit du peuple, c'est qu'il remporta peu après sur les Liégeois une grande et sanglante victoire, où ils laissèrent vingt-cinq mille hommes sur le carreau. Ce fut la plus sanglante bataille du xve siècle (1408).

Malgré sa victoire sur Liège, le duc de Bourgogne était très populaire dans les villes de France du Nord; son père avait commencé cette popularité en refusant de prendre part dans un impôt oppressif. Le parti du jeune Charles d'Orléans fut en général celui de la noblesse. Il épousa la fille du comte d'Armagnac, le plus puissant seigneur des Pyrénées, tandis que le duc de Bourgogne unissait sa famille par des mariages avec les maisons d'Anjou et de Penthièvre.

Le parti d'Orléans, recruté principalement dans le Midi, fut soutenu par les vieilles haines de race qui subsistaient depuis le xiiie siècle. Les Méridionaux prirent la revanche de la guerre des Albigeois. Les soldats gascons rançonnaient et torturaient les paysans des environs de Paris; ils leur coupaient le nez et les oreilles, et les renvoyaient avec dérision en leur disant : « Allez vous plaindre à votre fainéant de roi; allez chercher votre captif, votre idiot. »

Toutefois, l'appui du Midi ne suffisait pas au parti d'Armagnac (ce nom est déjà plus exact que celui d'Orléans). Il eut recours à l'Angleterre (1411).

Les deux partis courtisèrent à l'envi l'ennemi de la France. Les Armagnacs lui offraient de démembrer le royaume, de lui en donner la moitié pour gouverner l'autre. Le duc de Bourgogne finit aussi par faire des offres aux Anglais. Mais d'abord il essaya de s'appuyer sur le peuple, sur le petit peuple des villes.

A Paris, il était soutenu par les bouchers, riches familles qui avaient à leurs ordres des centaines de valets, gens brutaux, féroces, habitués au sang. Le chef du parti fut l'écorcheur Caboche ; l'orateur, Jean de Troyes, chirurgien ou barbier ; c'était alors la même chose, les barbiers faisaient les saignées (1413).

Ce parti sanguinaire, qui fraternisait avec Gand et autres bonnes villes, fut d'abord l'instrument du duc de Bourgogne, et plus tard son maître. Les gentilshommes du duc ne furent plus que des recors au service des Cabochiens : lui même fut obligé un jour de toucher dans la main au bourreau Capeluche. Ce qu'il y avait de bizarre, c'est que ces hommes féroces se piquaient de moralité. Ils firent solennellement des remontrances au dauphin sur la corruption de ses mœurs, après avoir égorgé ses favoris à ses pieds.

L'excès même des violences amenant la réaction, on opposa les charpentiers aux bouchers. Paris ouvrit ses portes aux Armagnacs, et ne s'en trouva pas mieux. Au lieu des violences du peuple, on eut l'insolence des seigneurs et les vexations des Méridionaux, dont on n'entendait pas même la langue. Les deux partis étaient donc également discrédités, la France ruinée, désarmée, sous un roi fou, lors-

qu'on apprit que les Anglais recommençaient
la guerre, et que le jeune Henri V était débarqué
à Honfleur (1415).

La violence d'Henri V s'était annoncée de
bonne heure dans les emportements de sa folle
jeunesse; puis la rage du plaisir s'était tournée
en rage d'ambition et de guerre. Son père vivait
encore qu'il enleva la couronne de son chevet;
le mourant lui arrêta la main.

Dès qu'il eut sur la tête cette couronne, il
voulut encore y mettre celle de France. Il se fit
immédiatement donner de l'argent par le Parlement, rassembla une petite armée, et se jeta
sur le continent (1415).

Arrêtée d'abord cinq semaines au siège d'Harfleur, cette armée diminuait chaque jour; la
gloutonnerie, l'abus des fruits surtout, ayant
mis la dysenterie dans le camp, il mourut une
foule de soldats; plusieurs des grands se trouvèrent si malades, qu'ils retournèrent en Angleterre. Le reste devait périr, s'il y eût eu une
seule tête d'homme dans tous les conseils de la
France.

La noblesse de tous les partis était accourue
et s'était rangée sous les ordres du connétable
d'Albret, l'un des chefs du parti Armagnac. Le

duc de Bourgogne lui-même y laissa aller ses deux frères.

Henri avait entrepris de passer d'Harfleur à Calais, mais les Français lui ayant coupé le chemin à Azincourt, il se trouva aussi embarrassé qu'Édouard III à Crécy, et le prince Noir à Poitiers. Il offrait de rendre Harfleur et de renoncer à toutes ses prétentions sur la France. Le connétable d'Albret choisit pour développer une armée, dont la cavalerie faisait la force, une plaine étroite, un champ nouvellement labouré et profondément détrempé par la pluie. Les chevaux y restaient comme pris au piège, et ne pouvaient bouger. Les archers anglais n'eurent que la peine de bien viser ces masses immobiles; ils les criblèrent à leur aise.

Tous les grands seigneurs de France appelaient eux-mêmes les Anglais pour se rendre, et passaient derrière leurs rangs la tête nue. Au milieu de cette triste manœuvre, Henri vit arriver un nouveau corps français; il s'effraya d'avoir tant de prisonniers derrière lui, et ordonna qu'on égorgeât ces hommes désarmés, à qui il avait promis la vie. Parmi ceux qui furent épargnés, se trouvait le jeune duc d'Orléans, qui vieillit captif en Angleterre.

Le comte d'Armagnac, resté seul des chefs de son parti, se fit connétable, grand-maître des finances, disons mieux, roi de France. Mais le peuple gardait rancune à ce parti qui avait si mal défendu l'honneur du pays.

Pendant qu'Armagnac régnait à Paris, on apprenait chaque jour quelque conquête d'Henri V. Cet Anglais faisait la guerre avec une barbarie inouïe dans ce siècle barbare. A chaque prise de place, il fallait que quelques bourgeois vinssent, la corde au cou, implorer le vainqueur. Mais avec Henri, ce n'était pas une vaine cérémonie; il lui fallait du sang.

L'impopularité des Armagnacs augmentant avec les malheurs de la guerre, les Bourguignons revinrent. Tous ceux de leur parti, qui avaient été bannis, rentrèrent dans Paris, altérés de vengeance. La populace se jeta avec eux dans les prisons, et fit un horrible massacre des Armagnacs prisonniers (1418). Le connétable, le chancelier, six évêques, y périrent avec plusieurs magistrats.

L'année suivante, il y eut encore un semblable massacre sous les yeux de la reine; dénoncée, exilée pour ses dérèglements, par les Armagnacs, elle s'était livrée aux Bourguignons. Elle persista dans leur parti, même contre son fils.

Ces massacres firent horreur au duc de Bourgogne lui-même; il se vit à la merci de la populace qu'il semblait diriger. Il ne demandait pas mieux que de faire la paix; mais ce n'était pas le compte des Armagnacs, qui disposaient du dauphin. Cette réconciliation le leur eût enlevé. Ils attirèrent le duc de Bourgogne à l'entrevue du pont de Montereau, et l'y assassinèrent sous les yeux de leur jeune prince (1419).

Le fils de Jean sans Peur, Philippe le Bon, s'unit aux Anglais pour venger son père. En cela, il fit plus qu'il ne voulait. Henri V, maître du duc de Bourgogne, maître de Charles VI, se fit signer par le prince idiot un traité qui lui donnait la fille du roi, et la France après lui (1420). Henri siégea royalement à l'hôtel de Saint-Paul et à Vincennes, il signa je ne sais combien d'actes, fit à son gré justice et grâce.

Sa mort, qui eut lieu deux mois avant celle de Charles VI (1422), sembla ne rien changer aux affaires des Anglais. Ses deux frères, Bedford et Gocester, régnèrent au nom d'Henri VI enfant.

Bedford était un homme de tête. Malgré les secours d'Écosse que reçut le nouveau roi de France, Charles VII, il maintint la supériorité des armes anglaises (batailles de Crevant et de Verneuil). Ses Anglais, affermis dans le Nord, voulaient forcer la barrière de la Loire. Charles VII allait être attaqué dans son royaume du Midi.

Promené par ses conseillers, loin du théâtre de la guerre, de Tours à Amboise et d'Amboise à Chinon, le jeune *roi de Bourges* semblait résigné au partage. Il avait son Parlement, son Université à Poitiers. Le connétable de Richemont venait de ramener la Bretagne dans son parti. Il avait de braves chefs, les Dunois, les La Hire, les Xaintrailles, les Barbazan. Cependant les Anglais venaient d'investir Orléans. Cette ville forcée, ils allaient déborder dans tout le Midi. Les meilleurs capitaines de Charles VII essayèrent en vain d'y introduire des vivres. Ils n'y gagnèrent qu'une défaite; ce fut l'ignoble *bataille des Harengs.*

III

JEANNE D'ARC

A nulle époque certainement la France n'était descendue si bas. La misère, la dépopulation, étaient au comble; la férocité des soldats fabuleuse. Rappelons seulement cet orme de Vaurus, dont les branches, en guise de fruits, portaient des cadavres; et cette malheureuse femme grosse qu'ils y attachèrent pendant une nuit d'hiver pour être mangée des loups. Les loups prenaient possession du pays. Hors des villes et bourgs fortifiés, il n'y avait plus de maison debout, de Laon jusqu'en Allemagne.

Ce qui était plus triste encore, s'il est possible, c'étaient les signes de langueur morale, d'épuisement, de découragement, que présenfait partout la société.

Le xiv⁰ siècle avait commencé par Dante, Boccace et Pétrarque, le xv⁰ devait finir par l'invention de l'imprimerie et la découverte de l'Amérique. Mais l'époque où nous sommes parvenus (1428) n'offrait nul avenir, nulle perspective, nulle grande idée, qui consolât le genre humain au milieu de ses maux. L'art et la science semblaient atteints d'une même caducité. La littérature chevaleresque avait tari. Les poèmes avaient cédé la place aux fabliaux. Le gothique en décadence sacrifiait peu à peu la beauté au précieux des détails; l'architecture maniérée et subtile devenait une scholastique de pierres. La logique avait usé la théologie et la littérature. La triste victoire des universités sur la papauté n'avait rien produit. Le concile de Constance n'avait rien réformé, rien édifié. La France, l'humanité sans espoir, s'asseyait et croisait les bras dans ce profond découragement, qui paraît d'une manière si triste dans les livres de Jean Gerson.

Ce que Gerson entrevit dans son *Imitation de Jésus-Christ*, c'est que ni les savants, ni les puissants, n'étaient en état de donner au monde une vie nouvelle, de le remettre en train de marcher. Une telle vie ne recommence que par la simplicité du cœur, par l'héroïsme des âmes simples : c'était là l'unique remède pour la patrie comme pour le monde, pour la société comme pour la science.

En 1429, lorsque rien ne semblait pouvoir soustraire Orléans aux Anglais, une jeune fille, Jeanne d'Arc, de Domremy, près Vaucouleurs (frontière de Champagne et Lorraine), se présente au roi à Chinon, et déclare qu'elle délivrera Orléans.

Elle se fait croire et respecter de cette cour corrompue et moqueuse. On lui donne des armes, mais son arme, c'est le drapeau de Jésus-Christ. Elle entre dans Orléans aux chants des prêtres.

Les Anglais n'osent l'arrêter. En un mois elle les chasse de leurs forts et leur fait lever le siège (8 mai 1429).

Elle leur enlève encore Beaugency, fait prisonniers Suffolck et Talbot; puis elle prend le roi par la main, et, à travers toute la France anglaise, elle le mène à Reims, où il est sacré.

Elle eût voulu retourner alors à son village; mais on ne le permit pas. Elle croyait elle-même que sa mission était finie. En défendant Compiègne, elle tomba entre les mains des Bourguignons qui la livrèrent aux Anglais.

Ceux-ci crurent expliquer leurs défaites en la faisant brûler comme sorcière; leur diabolique orgueil le voulait ainsi. Ils la firent juger par une cour ecclésiastique qui, malgré sa bonne volonté, ne savait comment trouver en ses paroles de quoi la condamner. Elle répondait avec un sens et une douceur admirables. On lui demandait si elle ne disait pas aux chevaliers qui portaient des étendards semblables au sien, qu'ils seraient heureux à la guerre : « Non, répondit-elle; je disois : Entrez hardiment parmi les Angloys, et j'y entrois moi-même. »

Cette monstrueuse procédure, où les formes furent violées autant que l'équité, n'avait pu amener qu'une condamnation à la réclusion perpétuelle. Ce n'est pas là ce qu'il fallait aux Anglais. Ils trouvèrent moyen, par un infâme guet-apens, de la faire brûler comme relapse (1431).

La sorcière brûlée, le charme devait être brisé; mais les affaires des Anglais n'en allèrent pas mieux. Glocester avait mis contre eux le duc de Bourgogne en épousant l'héritière de Hainaut et de Hollande, et en lui disputant cette succession. L'insolence des Anglais allait jusqu'à dire « qu'on enverrait le duc boire de la bière en Angleterre ». Ce fut lui qui les y renvoya.

Il se réconcilia à Arras avec le roi de France, se fit donner tout ce qu'il voulut, l'Auxerrois, le Boulonnais, les villes de la Somme, c'est-à-dire la barrière de la France du côté du nord (1435).

La guerre traîna encore près de vingt ans. D'une part les oncles d'Henri se disputaient le pouvoir. Les Anglais s'accusaient les uns les autres, comme il arrive aux vaincus. (Voy. *le Précis d'Histoire moderne.*) De l'autre, les seigneurs français complotaient contre l'autorité royale, avant même que le territoire fût délivré (Praguerie, 1440).

Le dauphin, qui s'était d'abord lié avec eux, fut plus utile au royaume, en menant contre les Suisses les soldats d'aventure dont la France ne savait plus que faire ; ces mercenaires périrent en grand nombre à la bataille de Saint-Jacques.

La guerre d'Angleterre finissait vers la même époque par le mariage d'Henri VI avec Marguerite d'Anjou (1445.) Le pacifique Henri, subjugué par sa brillante épouse, ne fit dès lors la guerre que malgré lui. La Normandie fut reprise (1449-1450). Bordeaux, toujours flottant entre les deux partis, fut la dernière place qui tint pour les Anglais (1451-1452). Le vieux Talbot, le héros de ces guerres, mourut la même année au combat de Castillon, et la guerre de Cent ans finit avec lui.

Calais seul resta aux Anglais. Charles VII ne songea point à l'attaquer. D'après son malheureux traité avec le duc de Bourgogne, il n'eût pu reprendre cette place que pour la lui donner. Le duc de Bourgogne, établi dans la Picardie par le traité d'Arras, et récemment enrichi des successions de Hollande, Hainaut, Namur et Brabant qui unissaient dans sa main toute la Belgique, était désormais l'adversaire et le rival du roi de France.

INSTITUTIONS DE PHILIPPE IV A CHARLES VII.

Administration. — De la fin du xiii° au milieu du xv° siècle, il y eut trois grands centres permanents d'administration :

1° Le grand Conseil; 2° le Parlement; 3° La Chambre des comptes.

Il y eut de plus des corps temporaires. 1° Les états généraux prenant accidentellement la place du grand Conseil; 2° des Commissions judiciaires prenant accidentellement la place du Parlement.

1° GRAND CONSEIL. — Le grand Conseil réuni autour du roi, est le centre d'où part tout le mouvement administratif; il élit sénéchaux, baillis, juges, gardes des eaux et forêts, reçoit toutes les requêtes (vingt maîtres des requêtes, etc.), rend en certains cas des jugements sans appel; enfin discute toutes les ordonnances royales.

États généraux. — Sous saint Louis, bourgeois appelés au Conseil; sous Philippe IV, fréquent appel de bourgeois des bonnes villes. — 1302. États généraux ou réunion des barons, des évêques et des députés des villes; ils ne durent qu'un jour. — 1308. Seconds états généraux de Tours pour le procès des templiers. Ces assemblées, fort courtes et accidentelles, sont sans influence sur le gouvernement général du royaume. États de 1328, consultés par Philippe VI sur les monnaies; de 1343, sur les impositions, etc.

La décadence des communes, les privilèges accordés aux villes de bourgeoisie, les progrès du commerce et de l'industrie, augmentent le nombre et l'importance des bourgeois, qui s'organisent en corporations et s'habituent aux armes : sur eux pèsent tous les impôts; les falsifications des monnaies ruinent leur commerce. Sous les Valois, les souffrances de la bourgeoisie augmentent avec l'accroissement des dépenses; ses plaintes éclatent aux états de 1355, et, pour la première fois, la royauté s'humilie devant ses réclamations. Aux états de 1356, il y a presque révolution : le gouvernement passe pour quelque temps aux mains des bourgeois : mais ces députés, appelés tout à coup aux affaires, ne peuvent trouver les remèdes : maîtres un moment de l'autorité, ils en usent sans prudence, et leurs violences attachent une idée défavorable au nom de ces grandes réunions. Charles réunit encore une fois les États généraux pour leur faire rejeter le traité signé à Londres par le roi Jean ; mais dès lors il évite de les convoquer, et leur substitue des assemblées de notables désignés par ses propres officiers. La population trop isolée encore pour comprendre une représentation nationale, préfère elle-même des assemblées de provinces, de cités. Les états généraux ne reparaîtront que sous la minorité de Charles VIII.

2° PARLEMENT. — Dans chaque souveraineté féodale deux Cours de justice : 1° cour de baronnie, présidée par le suzerain ; 2° justice seigneuriale, administrée par un délégué du suzerain (*præpositus*, prévôt). La Cour de baronnie du roi est, ou la Cour des pairs (depuis Philippe-Auguste), ou son Conseil, composé de hauts seigneurs, laïcs et ecclésiastiques, et de légistes, qui y restent dans une position inférieure. Le domaine et l'autorité du roi s'étendant de jour en jour, les appels, les cas royaux se multiplient ; on peut venir *en la cort le roi par resort, par apel, de faute de droit, faus jugement, recreancevée, grief, par veer le droit de sa cort.* (Établiss., ch. xv, l. II.) Le Conseil est contraint de se diviser. Une partie reste chargée de l'administration du royaume (grand Conseil) ; l'autre, où se trouvent surtout les légistes, doit se réunir à la Toussaint, à la Chandeleur, à Pâques et à l'Ascension, pour juger les procès. Cette partie du Conseil retient le nom de Parlement, qui désignait jadis toute espèce de réunion. (Les registres du Parlement commencent à l'année 1255.) Le Parlement étant composé de membres du Conseil, délibère quelquefois sur des actes d'administration. — Le Parlement est réorganisé et fixé à Paris par Philippe IV (1291-1302). Son importance croissante : il remplace la haute Cour féodale du roi ; les pairs y sont jugés.

Au temps de la guerre contre les Anglais sous les Valois, l'ouvrage des légistes est achevé, la féodalité est vaincue ; les rois n'ont plus besoin des légistes ; le Parlement se renferme dans ses fonctions judiciaires. Au xiv° siècle son importance politique est nulle. Jusqu'à Charles VI les juges étaient nommés pour chaque session; mais en 1379, on oublie cette formalité. — 1401. Les membres du Parlement seront élus par le Parlement lui-même; en 1467, ils seront inamovibles. — Sous Charles V, premières remontrances sur la réforme des abus dans l'administration de la justice; sous Charles VI, deux autres remontrances. étrangères à la politique. — 1482. Le Parlement s'oppose à un maximum des grains; il est tout prêt d'arriver à l'existence politique, car le duc d'Orléans lui demande la régence de Charles VIII; enfin, pendant la captivité de François Ier, il restreint les pouvoirs de la régente.

Commissions judiciaires. — Le Parlement, corps permanent, avec des formes de procédures lentes et régulières, présentait au moins quelque garantie aux accusés. Aussi, pour les procès politiques, nomme-t-on fréquemment des Commissions judiciaires. En 1278. Pierre de la Brosse; en 1301, Bernard Saisset; 1307, les templiers; sous Louis X, Raoul de Presles, Enguerrand de Marigny, sont cités devant des juges chargés à l'avance de les condamner. Sous Jean, la royauté a tellement grandi, qu'elle ne prend plus la peine de nommer des Commissions; le roi fait de sa propre autorité exécuter le connétable d'Eu, le comte d'Harcourt. etc., et emprisonner le roi de Navarre. Toutefois les Commissions reparaîtront plus tard.

3° Chambre des comptes. — Elle vérifie toutes les recettes et les dépenses, a autorité sur tous les gens de finance, contre lesquels elle peut rendre des arrêts. — Elle commence à se former sous Louis IX, son importance croît sous l'administration toute fiscale de Philippe IV, de ses fils et des premiers Valois. Philippe VI, partant pour la guerre de Flandre, lui donne pouvoir d'exercer, pendant son absence, presque toutes les prérogatives royales.

Cour des aides. — L'établissement de la Cour des aides après la bataille de Poitiers, fut un démembrement de la Chambre des comptes.

Au-dessous de ces trois grands centres d'action du gouvernement, sont les baillis qui réunissent les fonctions judiciaires, financières, administratives et quelquefois militaires. Jusqu'aux Valois, ils correspondent directement avec le grand Conseil, la Chambre des comptes et le Parlement, mais quand on réunit plusieurs bailliages pour former une province, ils sont soumis au gouverneur de la province (officier royal ou prince apanagiste).

Les baillis transmettent leur autorité judiciaire à des prévôts, assistés de jugeurs, auditeurs et sergents. — Pour les impôts, ils les reçoivent des mains des receveurs des bourgs et villes, font les dépenses nécessaires, et transmettent le reste aux trésoriers de France. Comme chefs dans leurs bailliages de l'administration civile, ils ont une foule d'agents pour les gardes des foires, des bois, des eaux, pour les péages et les douanes établies par Philippe VI.

Série chronologique des différentes acquisitions territoriales faites par les rois de France, depuis Hugues Capet jusqu'à la mort de Charles VII. — Hugues Capet était en 987 seigneur de l'Ile-de-France, comte de Paris et d'Orléans. — (Robert parvient, 1016, après plusieurs guerres, à faire reconnaître son fils Henri comme duc de Bourgogne). — 1055. Le comté de Sens fait échute à la couronne par la mort du dernier seigneur. — 1079. Donation faite par le comte d'Anjou du Gatinais. — 1082. Simon, dernier comte du Vexin, meurt sans postérité; son comté est réuni à la couronne. — 1100. Vicomté de Bourges vendue à Philippe Ier pour soixante mille sols d'or. — 1112. Louis VI tenant en prison le sire du Puiset, quand mourut son oncle le comte de Corbeil, le force de renoncer à cet héritage. — Après 1118, réunion de la châtellenie de Montlhéry (par défaut de postérité). — 1182. Cession par le comte de Flandre du comté d'Amiens. — 1185. Cession du Vermandois par le comte de Flandre. — 1200. Le comté d'Évreux cédé par Amaury III à Philippe II, est, en 1307, aliéné par Philippe IV. — Après 1203, réunion du comté de Meulent, le dernier seigneur étant mort sans héritier. — 1204. Conquête de la Normandie, qui, en 1361, est réunie à perpétuité à la couronne; de l'Anjou et du Maine, qui, en 1246, sont donnés à Charles comte de Provence; du comté d'Alençon, cédé en 1268 à Pierre, cinquième fils de saint Louis. — 1205. Conquête du Berri et du Poitou. Le Poitou, donné à différentes époques en apanage, est réuni à la couronne par Charles VII, qui le possédait étant dauphin. — 1212. Confiscation du comté de Boulogne, aliéné en faveur de Philippe Harepel. — 1226. Soumission à Louis VIII de Carcassonne et d'Albi, cession, en 1247, du comté de Carcassonne. — 1226. Le comté du Perche, séquestré par Louis VIII, est cédé en toute propriété à saint Louis, qui le donne à son fils Pierre. — 1239. Alix, comtesse de Macon, vend ce comté à saint Louis pour dix mille livres; aliéné en 1339 en faveur de Jean, comte de Poitiers, réuni en 1416: cédé de nouveau à Philippe le Bon, en 1435, il fut définitivement réuni à la couronne à la mort de Charles le Téméraire (1477). — 1271. Philippe III hérite de son frère Alphonse, le comté de Toulouse, réuni à la couronne en 1361. — 1292. La seigneurie de Beaugency vendue à Philippe le Bel, réunie au domaine quelque temps après. — 1305. Louis le Hutin succède à sa mère dans les comtés de Brie et Champagne, définitivement unis à la couronne en 1361, et dans le royaume de Navarre, cédé en 1335 à Philippe d'Évreux. — 1308. Réunion du comté de la Marche, qui entra plus tard dans la maison de Bourbon. — 1313. Réunion par traité, de Lyon, jusque-là dépendant de l'Empire. — 1336. Confiscation sur Édouard III du comté de Ponthieu, repris en 1369 sur les Anglais, avec promesse aux habitants de ne pas l'aliéner. — 1344. Achat du comté de Viennois, pour cent vingt mille florins d'or, réuni à l'avènement de Louis XI. — 1349. Achat du Dauphiné et de la seigneurie de Montpellier, réunie en 1382. — 1351. Le comté de Dreux, aliéné par Louis VI en 1132, rentre définitivement dans le domaine, après 1351, par arrêt du Parlement. — 1404. Louis II de Châlons vend le comté d'Auxerre, pour trente-cinq mille sept cent cinquante livres. — 1424. Les comtés de Valentinois et de Diois, cédés par testament à Charles VII, sont incorporés au Dauphiné. — 1443. Réunion du comté de Comminges. — Charles VII reprend le comté de Guines aux Anglais. — Charles VII reprend la Guyenne aux Anglais.

CHAPITRE XV

LOUIS XI (1461-1494)

Lorsque la retraite des Anglais permit à la France de se reconnaître, les laboureurs descendant des châteaux et des villes fortes où la guerre les avait enfermés, retrouvaient leurs champs en friche et leurs villages en ruine. Les compagnies licenciées continuaient d'infester les routes et de rançonner le paysan. Les seigneurs féodaux, qui venaient d'aider Charles VII à chasser les Anglais, étaient rois sur leurs terres, et ne reconnaissaient aucune loi divine ni humaine. Un comte d'Armagnac s'intitulait *comte par la grâce de Dieu,* faisait pendre les huissiers du Parlement, épousait sa propre sœur, *et battait son confesseur quand il refusait de l'absoudre.* L'on avait vu pendant trois ans le frère du duc de Bretagne demander du pain aux passants par les barreaux de sa prison, jusqu'à ce que son frère le fît étrangler.

C'est vers le roi que se tournaient les espérances du pauvre peuple, c'est de lui qu'il attendait quelque soulagement à sa misère. Le système féodal qui, au x° siècle, avait été le salut de l'Europe, en était devenu le fléau. Ce système semblait reprendre son ancienne force depuis les guerres des Anglais. Sans parler des comtes d'Albret, de Foix, d'Armagnac et de tant d'autres seigneurs, les maisons de Bourgogne, de Bretagne et d'Anjou, le disputaient à la maison royale de splendeur et de puissance.

Le comté de Provence, héritage de la maison d'Anjou, était une espèce de centre pour les populations du Midi, comme la Flandre pour celles du Nord ; elle joignait à ce riche comté l'Anjou, le Maine et la Lorraine, entourant ainsi de tous côtés les domaines du roi. L'esprit de l'antique chevalerie semblait s'être réfugié dans cette famille : le monde était plein des exploits et des malheurs du roi René et de ses enfants. Pendant que sa fille Marguerite d'Anjou soutenait dans dix batailles les droits de la Rose rouge, Jean de Calabre, son fils, prenait, perdait le royaume de Naples, et mourait au moment où l'enthousiasme des Catalans le portait au trône d'Aragon. Des espérances si vastes, des guerres si lointaines, annulaient en France la puissance de cette maison. Le caractère de son chef était d'ailleurs peu propre à soutenir une lutte opiniâtre contre le pouvoir royal. Le bon René, dans ses dernières années, ne s'occupait guère que de poésie pastorale, de peinture et d'astrologie. Lorsqu'on lui apprit que Louis XI lui avait pris l'Anjou, il peignait une belle perdrix grise, et n'interrompit point son travail.

Le véritable chef de la féodalité était le duc de Bourgogne. Ce prince, plus riche qu'aucun roi de l'Europe, réunissait sous sa domination des provinces françaises et des États allemands, une noblesse innombrable, et les villes les plus commerçantes de l'Europe. Gand et Liège pouvaient mettre chacune quarante mille hommes sur pied. Mais les éléments qui composaient cette grande puissance étaient trop divers pour bien s'accorder. Les Hollandais ne voulaient point obéir aux Flamands, ni ceux-ci aux Bourguignons.

Une implacable haine existait entre la noblesse des châteaux et le peuple des villes marchandes. Ces fières et opulentes cités mêlaient avec l'esprit industriel des temps modernes la violence des mœurs féodales. Dès que la moindre atteinte était portée aux privilèges de Gand, les doyens des métiers sonnaient la cloche de Roland, et plantaient leurs bannières dans le marché. Alors, le duc montait à cheval avec sa noblesse, et il fallait des batailles et des torrents de sang.

Le roi de France, au contraire, était soutenu par les villes. Dans ses domaines, les petits étaient bien mieux protégés contre les grands. C'était un bourgeois, Jacques Cœur, qui lui avait prêté l'argent nécessaire pour reconquérir la Normandie. Partout le roi réprimait la licence des gens de guerre. Dès 1441, il avait débarrassé le royaume des *compagnies*, en les envoyant contre les Suisses qui en firent justice à la bataille de Saint-Jacques. En même temps, il fondait le parlement de Toulouse, étendait le ressort du parlement de Paris, malgré les réclamations du duc de

Bourgogne, et limitait toutes les justices féodales. En voyant un d'Armagnac exilé, un
d'Alençon emprisonné, en bâtard de Bourbon
jeté à la rivière, les grands apprenaient qu'aucun
rang ne mettait au-dessus des lois.

Une révolution si heureuse faisait accueillir
avec confiance toutes les nouveautés favorables
au pouvoir monarchique. Charles VII créa une
armée permanente de quinze cents lances, institua la milice des francs-archers, qui devaient
rester dans leurs foyers et s'exercer aux armes
les dimanches; il mit sur les peuples une taille
perpétuelle sans l'autorisation des états généraux, et personne ne murmura (1445).

Les grands eux-mêmes concouraient à augmenter le pouvoir royal, dont ils disposaient
tour à tour. Ceux qui ne gouvernaient point le
roi se contentaient d'intriguer auprès du dauphin et de l'exciter contre son père. Tout
changea de face lorsque Charles VII succomba
aux inquiétudes que lui donnait son fils,
retiré en Bourgogne (1461). Aux funérailles du
roi, Dunois dit à toute la noblesse assemblée :
« Le roi notre maître est mort; que chacun
songe à se pourvoir. »

Louis XI n'avait rien de ce caractère chevaleresque en faveur duquel les Français pardonnaient tant de faiblesses à Charles VII. Il aimait les négociations plus que les combats, s'habillait pauvrement, et s'entourait de petites gens. Il prenait un laquais hérant, un barbier pour gentilhomme dë la chambre, appelait le prévôt Tristan *son compère*.

Dans son impatience d'abaisser les grands, il renvoie, dès son arrivée, tous les ministres de Charles VII; il ôte aux seigneurs toute influence dans les élections ecclésiastiques, en abolissant la Pragmatique; irrite le duc de Bretagne, en essayant de lui ôter les droits régaliens; le comte de Charolais, fils du duc de Bourgogne, en rachetant à son père les villes de la Somme, et en voulant lui retirer le don de la Normandie; enfin il mécontente tous les nobles en ne tenant nul compte de leurs droits de chasse, l'offense la plus sensible peut-être pour un gentilhomme de ce temps.

Les grands n'éclatèrent pas avant que l'affaiblissement du duc de Bourgogne eût mis toute l'autorité entre les mains de son fils, le comte de Charolais, depuis si célèbre sous le nom de Charles le Téméraire. Alors le duc Jean de Calabre, le duc de Bourbon, le duc de Nemours, le comte d'Armagnac, le sire d'Albret, le comte de Dunois, et beaucoup d'autres seigneurs, se liguèrent *pour le bien public* avec le duc de Bretagne et le comte de Charolais. Ils s'entendirent, par leurs envoyés, dans l'église de Notre-Dame de Paris, et prirent pour signe de ralliement une aiguillette de soie rouge.

A cette coalition presque universelle de la noblesse, le roi essaya d'opposer les villes et surtout Paris. Il y abolit presque toutes les aides, se composa un conseil de bourgeois et de membres du Parlement et de l'Université ; il confia la reine à la garde des Parisiens, et voulut qu'elle fît ses couches dans leur ville, *la ville du monde qu'il aimait le mieux.*

Il y eut peu d'ensemble dans l'attaque des confédérés. Louis XI eut le temps d'accabler le duc de Bourbon. Le duc de Bretagne ne joignit l'armée principale qu'après la bataille de Montlhéry. On avait si bien oublié la guerre depuis l'expulsion des Anglais, qu'à l'exception d'un petit nombre de corps, chaque armée s'enfuit de son côté.

Alors le roi entama des négociations insidieuses, et la dissolution imminente de la ligue décida les confédérés à traiter (à Conflans et à

16.

Saint-Maur (1465). Le roi leur accorda toutes leurs demandes ; à son frère, la Normandie, province qui faisait à elle seule le tiers des revenus du roi ; au comte de Charolais, les villes de la Somme ; à tous les autres, des places fortes, des seigneuries et des pensions. Pour que le *bien public* ne parût pas entièrement oublié, on stipula, pour la forme, qu'une assemblée de notables y aviserait.

La plupart des autres articles ne furent pas exécutés plus sérieusement que le dernier ; le roi profita d'une révolte de Liège et de Dinant contre le duc de Bourgogne, pour reprendre la Normandie ; fit annuler par les états du royaume (à Tours, 1466) les principaux articles du traité de Conflans, et força le duc de Bretagne à renoncer à l'alliance du comte de Charolais, devenu duc de Bourgogne.

Louis XI, qui espérait encore apaiser ce dernier à force d'adresse, alla lui-même le trouver à Péronne (1468). Il y était à peine, que le duc apprit la révolte des Liégeois soulevés contre lui par les agents du roi de France. Ils avaient emmené prisonnier Louis de Bourbon, leur évêque, massacré l'archidiacre, et, par un jeu horrible, s'étaient jeté ses mem-

bres les uns aux autres. La fureur du duc de
Bourgogne fut telle, que le roi craignit un instant
pour sa vie. Il voyait dans l'enceinte du château
de Péronne la tour où le comte de Vermandois
avait fait autrefois périr Charles le Simple.

Il en fut quitte à meilleur marché. Le duc se
contenta de lui faire confirmer le traité de
Conflans, et de l'emmener devant Liège pour
voir ruiner cette ville. Le roi, de retour, ne
manqua pas de faire annuler encore par les
états tout ce qu'il venait de jurer.

Alors se forma contre lui une confédération
plus redoutable que celle du *bien public*. Son
frère, à qui il venait de donner la Guyenne, et
les ducs de Bretagne et de Bourgogne, y avaient
attiré la plupart des seigneurs auparavant
fidèles au roi. Ils appelaient le roi d'Aragon,
Juan II, qui réclamait le Roussillon, et le roi
d'Angleterre, Édouard IV, beau-frère du duc
de Bourgogne, qui sentait le besoin d'affermir
son règne en occupant au dehors l'esprit inquiet
des Anglais. Le duc de Bretagne ne dissimulait
point les vues des confédérés. « J'aime tant le
bien du royaume de France, disait-il, qu'au lieu
d'un roi j'en voudrais six. »

Louis XI n'avait pas à espérer d'être soutenu

cette fois par les villes, qu'il écrasait d'impôts.
La mort de son frère pouvait seule rompre la
ligue : son frère mourut. Le roi, qui se faisait
instruire des progrès de la maladie, ordonnait
des prières publiques pour la santé du duc de
Guyenne, et faisait avancer des troupes pour
s'emparer de son apanage. Il étouffa la procédure commencée contre le moine qu'on soup-
çonnait d'avoir empoisonné le prince, et fit
répandre que le diable l'avait étranglé dans sa
prison.

Débarrassé de son frère, Louis XI repoussa
Juan du Roussillon, Charles le Téméraire de la
Picardie, et s'assura de tous les ennemis qu'il
avait dans le royaume (trêve de Senlis, 1472).
Mais le plus grand danger n'était point passé.
Le roi d'Angleterre débarqua à Calais, en
réclamant, comme de coutume, *son royaume
de France.*

La nation anglaise avait fait de grands efforts
pour cette guerre. *Le roi,* dit Commines, *avait
dans son armée dix ou douze hommes, tant
de Londres que d'autres villes, gros et gras,
qui étaient les principaux entre les communes
d'Angleterre, et qui avaient tenu la main à ce
passage, et à lever cette puissante armée.*

Au lieu de recevoir les Anglais à leur arrivée, et de les guider dans ce pays où tout était nouveau pour eux, le duc de Bourgogne s'en était allé guerroyer en Allemagne. Cependant, le temps était mauvais; quoique Édouard *eût soin de faire loger en bonne tente les hommes des communes qui l'avaient suivi, ce n'était point la vie qu'ils avaient accoutumée, ils en furent bientôt las; ils avaient cru qu'ayant une fois passé la mer, ils auraient une bataille au bout de trois jours.* Louis trouva le moyen de faire accepter au roi et à ses favoris des présents et des pensions, traita tous les soldats à table ouverte, et se félicita de s'être ainsi défait, pour quelque argent, d'une armée qui venait conquérir la France.

Dès cette époque, il n'eut plus rien à craindre de Charles le Téméraire. Ce prince orgueilleux avait conçu le dessein de rétablir dans de plus vastes proportions l'ancien royaume de Bourgogne, en réunissant à ses États la Lorraine, la Provence, le Dauphiné et la Suisse. Louis XI se garda bien de l'inquiéter; il prolongea les trêves, et *le laissa s'aller heurter contre l'Allemagne.* En effet, le duc ayant voulu forcer la ville de Neuss de recevoir un des deux prétendants à l'archevêché de Cologne, tous les princes de l'Empire vinrent l'observer avec une armée de cent mille hommes. Il s'obstina une année entière, et ne quitta ce malheureux siège que pour tourner ses armes contre les Suisses.

Ce peuple de bourgeois et de paysans, affranchis depuis deux siècles du joug de la maison d'Autriche, était toujours haï des princes et de la noblesse. Louis XI, encore dauphin, avait éprouvé la valeur des Suisses à la bataille de Saint-Jacques, où seize cents d'entre eux s'étaient fait tuer plutôt que de reculer devant vingt mille hommes. Néanmoins, le sire d'Hagenbach, gouverneur du duc de Bourgogne dans le comté de Ferrette, vexait leurs alliés et ne craignait pas de les insulter eux-mêmes. *Nous écorcherons l'ours de Berne,* disait il, *et nous nous en ferons une fourrure.* La patience des Suisses se lassa; ils s'allièrent avec les Autrichiens, leurs anciens ennemis, firent décapiter Hagenbach, et battirent les Bourguignons à Néricourt.

Ils essayèrent d'apaiser le duc de Bourgogne; ils lui exposaient qu'il n'avait rien à gagner contre eux : *Il y a plus d'or,* disaient-ils, *dans les éperons de vos chevaliers, que vous n'en trouverez dans tous nos cantons.* Le duc fut inflexible. Ayant envahi la Lorraine et la Suisse, il prit Granson, et fit noyer la garnison qui s'était rendue sur sa parole.

Cependant, l'armée des Suisses avançait; le duc de Bourgogne eut l'imprudence d'aller à sa rencontre, et de perdre ainsi l'avantage que la plaine donnait à sa cavalerie. Placé sur la colline qui porte encore aujourd'hui son nom; il les vit fondre du haut des montagnes, en criant : *Granson! Granson!* En même temps on entendait dans toute la vallée ces deux trompes d'une monstrueuse grandeur, que les Suisses avaient, disaient-ils, reçues autrefois de Charlemagne, et qu'on nommait le taureau d'Uri et la vache d'Underwalden. Rien n'arrêta les confédérés. Les Bourguignons essayèrent toujours inutilement de plonger dans cette forêt de piques qui s'avançait au pas de course. La déroute fut bientôt complète.

Le camp du duc, ses canons, ses trésors, tombèrent entre les mains des vainqueurs. Mais ceux-ci ne savaient pas tout ce qu'ils avaient gagné. L'un d'eux vendit pour un écu le gros diamant du duc de Bourgogne; l'argent de son trésor fut partagé sans compter, et mesuré à pleins chapeaux.

Cependant, le malheur n'avait point instruit Charles le Téméraire. Trois mois après il vint attaquer les Suisses à Morat, et éprouva une défaite bien plus sanglante. Les vainqueurs ne firent point de prisonniers, et élevèrent un monument avec les ossements des Bourguignons. *Cruel comme à Morat,* fut longtemps un dicton populaire parmi les Suisses (1476).

Cette défaite fut la ruine de Charles le Téméraire. Il avait épuisé ses bonnes villes d'hommes et d'argent; depuis deux ans il tenait ses gentilshommes sous les armes. Il tomba dans une mélancolie qui approchait du délire, laissant croître sa barbe et ne changeant plus de vêtements.

Il s'obstinait à vouloir chasser de Lorraine le jeune René qui venait d'y rentrer. Ce prince, qui avait combattu pour les Suisses, qui se plaisait à parler leur langue, qui prenait quelquefois leur costume, les vit bientôt venir à son secours. Le duc de Bourgogne, réduit à trois mille hommes, ne voulut point fuir *devant un enfant,* mais il avait lui-même peu d'espérance; au moment de combattre, l'italien Campo-

Basso, auprès duquel Louis XI marchandait depuis longtemps la vie de Charles le Téméraire, arracha la croix rouge, et commença ainsi la défaite des Bourguignons (1477).

Quelques jours après, on retrouva le corps du prince; on l'apporta en grande pompe à Nancy; René vint lui jeter de l'eau bénite, en lui prenant la main : *Beau cousin*, lui dit-il, *Dieu ait votre âme! vous nous avez fait moult maux et douleurs.* Mais le peuple ne voulut pas croire à la mort d'un prince qui depuis si longtemps occupait la renommée. On assurait toujours qu'il ne tarderait pas à reparaître; et, dix ans après, des marchands livraient gratuitement des marchandises, sous condition qu'on les leur payerait le double au retour du grand duc de Bourgogne.

La chute de la maison de Bourgogne affermit pour toujours celle de France. Les possesseurs des trois grands fiefs, Bourgogne, Provence, Bretagne, étant morts sans enfants mâles, nos rois démembrèrent la première succession (1477), recueillirent la seconde en vertu d'un testament (1481), et la troisième par un mariage (1491).

D'abord Louis XI espérait acquérir tout l'héritage de Charles le Téméraire, en mariant le dauphin à sa fille, Marie de Bourgogne. Mais les états de Flandre, las d'obéir aux Français, donnèrent la main de leur souveraine à Maximilien d'Autriche, depuis empereur et grand-père de Charles-Quint. Ainsi commença la rivalité des maisons d'Autriche et de France. Malgré la défaite des Français à Guinegate, Louis XI resta du moins maître de l'Artois et de la Franche-Comté, qui, par le traité d'Arras (1481), devaient former la dot de Marguerite, fille de l'archiduc, promise au dauphin (Charles VIII).

Lorsque Louis XI laissa le trône à son fils encore enfant (1483), la France, qui avait tant souffert en silence, éleva la voix. Les états, assemblés en 1484 par la régente, Anne de Beaujeu, voulaient donner à leurs délégués la principale influence dans le conseil de régence ; ne voter l'impôt que pour deux ans, au bout desquels ils seraient de nouveau assemblés ; enfin, régler eux-mêmes la répartition de l'impôt. Les six *nations* entre lesquelles les états étaient divisés commençaient à se rapprocher, et voulaient se former toutes en pays d'États, comme le Languedoc et la Normandie, lorsqu'on prononça la dissolution de l'assemblée.

La régente continua le règne de Louis XI par sa fermeté à l'égard des grands. Elle accabla le duc d'Orléans qui lui disputait la régence (Guerre folle, 1485), et réunit la Bretagne à la couronne, en mariant son frère à l'héritière de ce duché (1491).

Ainsi fut accompli l'ouvrage de l'abaissement des grands. La France atteignit cette unité qui allait la rendre redoutable à toute l'Europe. Aux vieux serviteurs de Louis XI succède une génération jeune et ardente comme son roi. Impatient de faire valoir les droits qu'il a hérités de la maison d'Anjou sur le royaume de Naples, Charles VIII apaise, à force d'argent, la jalousie du roi d'Angletrrre, rend le Roussillon à Ferdinand le Catholique, à Maximilien l'Artois et la Franche-Comté : il n'hésite point à sacrifier trois des plus fortes barrières de la France. La perte de quelques provinces importe peu au conquérant futur du royaume de Naples et de l'empire d'Orient.

SITUATION DE LA FRANCE A L'AVÈNEMENT DE LOUIS XI.

Trois grandes puissances féodales subsistent encore : la maison d'Anjou qui possède la Provence, l'Anjou, le Maine et la Lorraine; mais ses domaines sont trop isolés les uns des autres pour former une puissance redoutable; d'ailleurs elle tourne toutes ses vues vers l'Italie et l'Espagne.

Le duc de Bretagne, dont les États plus compacts sont moins riches; enfin le duc de Bourgogne, le plus riche et le plus puissant. Le traité d'Arras lui a donné l'Auxerrois, le Boulonnais et les villes de la Somme : il vient d'ajouter à la Flandre la Hollande, le Hainaut, Namur et le Brabant; enfin il est maître de la Bourgogne et de la Franche-Comté. Mais ses États ne sont ni continus, ni homogènes. C'est à la fois un prince français et allemand. La Champagne empêche ses États de Bourgogne de toucher à ceux des Pays-Bas. — Les ducs de Bourgogne et de Bretagne et les mécontents de Guyenne ne cessent d'appeler les Anglais. S'ils obtiennent la Normandie, ils seront maîtres de toutes les côtes occidentales du royaume. Indépendamment de ces grandes puissances, entre lesquelles le roi se trouve comme enfermé, il trouve encore des ennemis du côté de la Flandre, dans Saint-Pol; du côté de la Bretagne, dans le duc d'Alençon. Au centre dans le duc de Bourbon, lié avec les mécontents du Midi.

Dans la France du sud-ouest (autrefois espagnole et anglaise), Bordeaux et la plupart des villes restent favorables aux Anglais; la plupart des seigneurs tiennent pour la France. Puissantes maisons de Foix, d'Albret et d'Armagnac. Les Armagnacs, qui ont contribué à assujettir la Guyenne au roi de France, veulent en vain la ramener sous la domination anglaise ou la rendre indépendante sous un frère du roi. — Le roi d'Aragon possède encore le Roussillon de ce côté des Pyrénées.

Le roi de France a des domaines compacts, des troupes réglées, et la haine du peuple contre les Anglais. Les villes se défient des grands plus que du roi. Reconnu pour la source de toute justice, il doit attirer toutes les juridictions seigneuriales dans celles de ses parlements. Il a pour alliés l'Écosse et le Danemark contre l'Angleterre : la Castille, Gênes et Florence contre la maison d'Aragon; les Liégeois, les Suisses et la maison d'Autriche contre le duc de Bourgogne. En outre, les ducs de Milan et de Savoie. Louis XI consomme la ruine de la haute féodalité en réunissant neuf provinces à la couronne [(Roussillon et Cerdagne (1462); Picardie, Bourgogne (1477); Provence, Maine, Anjou (1481), Perche, Artois, Franche-Comté, (1482).] Il limite la juridiction des seigneurs, et fonde le pouvoir monarchique, dans l'orient et le midi de la France, par l'institution de trois parlements [(Grenoble (1451); Bordeaux (1462); Dijon (1477).] Il abat l'audace des grands dans la personne du comte d'Armagnac et du sire d'Albret (1473); du connétable de Saint-Pol (1475); du duc d'Alençon (1476), et du duc de Nemours (1477). Il facilite l'action du gouvernement sur les provinces éloignées par l'établissement de la poste royale. — A l'infanterie nationale des francs-archers il substitue l'infanterie mercenaire des Suisses. — Les impôts qui, sous Charles VII, n'allaient point à deux millions, sont portés à cinq par Louis XI.

Des lettres, des sciences et des arts depuis les croisades jusqu'à Louis XII. — Au xie siècle, se détermine dans la théologie un grand mouvement dialectique (réalisme, nominalisme), dominé par la double influence de l'Église et d'Aristote. L'esprit de liberté se produit au Nord par Abailard, au Midi par son disciple, Pierre de Bruys (en Italie, Arnaldo de Brescia). Organisation de l'Université (1200-1215). L'histoire commence avec éclat dans la Champagne (Villehardouin, Joinville). Au xie et au xiie siècle, littérature brillante des troubadours (Langue d'oc); au xiie principalement, rédaction des grandes épopées chevaleresques. Au xiiie, trouvères (langue d'oyl). — Au xiiie siècle, chefs-d'œuvre de l'architecture gothique, cathédrales de Paris, Reims, Amiens, Chartres, Rouen. Découvertes importantes de la poudre à canon, de la boussole et du papier de linge.

Anselme, m. 1117, — Gilbert de Nogent, 1124. — Guillaume IX de Poitiers, 1127. — Foucher de Chartres, vers

1127. — Abailard, 1142. — Robert Wace, 1150. — Suger, 1151. — Saint Bernard, 1153. — Pierre le Vénérable, 1156. — Ordéric Vital, vers 1141. — Guillaume de Tyr, 1194. — Richard Cœur de Lion, 1199. — Bernard de Ventadour, Chrétien de Troyes, Aubain de Sezane, au xiiᵉ siècle. — Pierre de Blois, 1200. — Pierre Vidal, vers 1200. — Villehardouin, 1212. — Rigord, vers 1220. — Guillaume le Breton, vers 1224. — Le dauphin d'Auvergne, 1234. — Pierre Mauclerc, 1237. — Thibaud IV de Champagne, 1253. — Guillaume de Saint-Amour, vers 1246. — Guillaume de Lorris, 1266. — Guillaume de Nangis, 1306. — Joinville, 1318. — Nicolas Orème, 1382. — Nicolas de Clémengis, vers 1400. — Froissard, vers 1400. — Pierre d'Ailly, 1425. — Gerson, 1429. — Monstrelet, 1467.

LIVRES A CONSULTER

PHILOSOPHIE DE L'HISTOIRE. — Bossuet; Voltaire; Montesquieu; Turgot (second vol. des Œuvres complètes); Condorcet; Guizot et Cousin (Cours de 1828); Michelet (Introduction à l'*Histoire universelle*). — Vico, *Science nouvelle*; Herder, *Idées*; Kant, quelques opuscules; Lessing, *Éducation du genre humain*.

Secours : *Géographie*. Malte-Brun; Balbi; Piquet (Dictionnaire); Brué (Atlas). — *Géographie de la France :* D'Anville, Valois, d'Expilly, Bailleul, etc. — *Chronologie.* Art de vérifier les dates; Kruse, *Atlas géographique et chronologique* (trad. par Ansart et Lebas); Koch, *Révolutions de l'Europe.* — *Biographie :* Moreri (édition de 1759); *Biographie universelle* de Michaud. — *Glossaires :* Ducange, Laurière, Raynouard, Roquefort, etc.

EUROPE : HISTOIRES GÉNÉRALES. — Schœll; Desmichels, *Histoire du moyen âge*, et *Précis de l'Histoire du moyen âge*; Hallam, *l'Europe au moyen âge*; Heeren, *Manuel de l'histoire moderne.*

Empire : Schmidt, Pfeffel. — *Suisse :* Müller. — *Angleterre :* Hume, Lingard, Hallam, Augustin Thierry. — *Italie :* Sismondi, Giannone, Daru, Saint-Marc. — *Espagne :* Mariana, Ferreras, Conde; Sismondi (littérature). — *Empire Ottoman :* Hammer. — *Nord :* Abrégé de Lacombe. Ampère (littérature et religion). *Russie :* Levesque, Karamsin. — *Danemark :* Mallet.

FRANCE. — *Histoires générales :* Sismondi, Guizot (*Essais* et *Cours*), Aug. Thierry, Michelet. — *Abrégés :* Hénault, Cayx et Poirson, Michelet.

HISTOIRES SPÉCIALES. — *Église :* Lecointe. — *Droit :* Fleury, Bernardi, Henrion de Pansey. — *Littérature :* D. Rivet et ses continuateurs, Villemain, Sismondi (1er volume des *Littératures du Midi de l'Europe*, Raynouard), Roquefort, etc. — *Art :* de Caumont, etc. — *Histoires de provinces et de villes.* Bretagne : D. Morice, Lobineau. — Languedoc : D. Vaissette. — Béarn : Marca, Oihenart. — Provence : Papon. — Bourgogne : D. Plancher. — Alsace : Schœpflin. — Lorraine : D. Calmet. — Paris : Félibien et Lobineau, etc.

COLLECTIONS D'ÉCRIVAINS ORIGINAUX : D. Bouquet, *Scriptores rerum francicarum*, jusqu'au XIIIᵉ siècle (en partie traduits par Guizot). — Buchon et Dacier, *Chroniques françaises* (XIVᵉ et XVᵉ siècles). — Petitot, *Collection des Mémoires*, etc. (du XIIIᵉ au XVIIᵉ siècle). La plupart des chroniques et mémoires, auxquels nous renverrons plus bas, sont contenus dans cette grande collection et dans les deux précédentes. — Marten, *Thesaurus anecdotorum*, etc. ═ *Collections d'actes officiels.* Baluze, *Capitulaires* des rois de la première et de la seconde race. *Recueil des ordonnances* des rois de France de la troisième race, édité par Laurière, Secousse, etc.

Ouvrages particuliers aux diverses périodes de l'histoire de France : *Chapitre I et II.* Gaule celtique et romaine. — Strabon, César, Suétone, Tacite, *Historia augusta*, *Codex Theodosianus*, *Gallia christania ;* Amédée Thierry.

Chapitre III. Invasion des barbares. Mérovingiens. — Priscus, Procope, Jornandès, Sidonius Apollinaris. Gregorius Turonensis, Fredegarius, *Annales Metenses*, etc. Guizot, *Cours, Essais*; Augustin Thierry.

Chapitres IV, V, VI. Carlovingiens. — S. *Bonifacii Epistolæ*, Eginhard, *Poeta saxo*, *Annales Fuldenses*, *Monachus Sancti Galli* Theganus, Astronomus, Nithardus, Frodoardus, Hincmarus. Guizot, *Cours, Essais,* Augustin Thierry.

Chapitre VII. Premiers Capétiens. — Raoul Glaber, Gerberti *Epistolæ*, Helgaldus, Ordericus Vitalis. Guizot, Thierry.

Chapitre VIII. — Bongars, *Gesta Dei per Francos.* Michaud, *Histoire des Croisades*, avec notes de Reinaud, Hammer, *Histoire des Assassins.* Gibbon, Guizot, Thierry.

Chapitres IX et X. De Louis VI à Saint Louis. — Suger; *Abælardi et sancti Bernardi opera;* Rigordus; Villehardouin; Guillaume de Tyr ; Pierre de Vaux-Sernay ; Chronique languedocienne. Guizot; Thierry, *Conquête de l'Angleterre,* et *Lettres.*

Chapitre XI. Saint Louis. — Joinville; le Confesseur ; Mathieu Paris; Guillaume de Nangis; Établissements. Guizot, Thierry.

Chapitre XII. De Philippe III à Philippe VI. — Chroniques de Saint-Denis; les continuateurs de

17.

Nangis; le chanoine de Saint-Victor; Dupuy, *Preuves du différend, Condamnation des Templiers;* Mathieu de Westminster; Meyer et Oudegherst, *Chroniques de Flandre.* Consulter aussi la collection anglaise des *Acta publica,* de Rymer.

Chapitres XIII et XIV. De Philippe VI à Louis XI. — Froissart; les continuateurs de Nangis; Thomas Walsingham; anonyme de Saint-Denis; Juvénal des Ursins; le religieux de Saint-Denis; Monstrelet; *Journal d'un bourgeois de Paris;* Le Laboureur, *Histoire de Charles VI;* Théodore et Denis Godefroy, *Histoire de Charles VI et de Charles VII;* Secousse, *Histoire de Charles le Mauvais;* Barante, *Histoire des ducs de Bourgogne.*

TABLE

CHAPITRE PREMIER

I. CELTES. — IBÈRES. — II. LES ROMAINS EN GAULE.
JULES CÉSAR.

CHAPITRE II

I. GAULE ROMAINE. — II. GAULE CHRÉTIENNE.

CHAPITRE III

I. MONDE GERMANIQUE. — INVASIONS. — II. LES
FRANCS. — MÉROVINGIENS.

CHAPITRE IV

CARLOVINGIENS (751-937).

CHAPITRE V

I. PÉPIN LE BREF. — II. CHARLEMAGNE.

CHAPITRE VII

CHAPITRE VIII

LA CROISADE (1195-1199).

CHAPITRE IX

CHAPITRE X

VAUDOIS ET ALBIGEOIS.

CHAPITRE XI

SAINT LOUIS. — DERNIÈRE CROISADE.

CHAPITRE XII

I. LES LÉGISTES. — II. PHILIPPE LE BEL.

CHAPITRE XV

LOUIS XI (1461-1494).

FIN.

Coulommiers. — Typ. Paul BRODARD.

ŒUVRES DE J. MICHELET

HISTOIRE

HISTOIRE NATURELLE

HISTOIRE SOCIALE